Affreschi

VINCENZA ALFANO

Le Sibille

SOLFERINO

SOLFERINO

www.solferinolibri.it

La collana Affreschi è a cura di Cadore 33

ISBN 978-88-282-1637-7
Prima edizione: febbraio 2025

«Ogni parte di me è custodita dalle parole.»
Roland Barthes

Prologo

Avevamo un patto noi due.

Tu ti saresti occupata dell'arte. A me sarebbe toccata la vita.

A te la finzione, a me la realtà.

Avremmo fatto parti uguali.

A te la carta e la penna, la soffitta polverosa, la terrazza in via Margutta sui tetti di Roma. Le notti insonni per una pagina che non è come la volevi, il cuore spezzato dai tradimenti, le fughe, gli amori impossibili. La malattia dell'anima che tanti si ostinano a chiamare follia.

A me la casa e un destino da sposa. Un marito e dei figli, sulla tavola la pentola, cucchiai e forchette, un bambino che desidera la mammella gonfia di latte.

Avevamo un patto noi due.

A te la resistenza e la guerra. A me una lunga quiete e grande speranza.

Poi è arrivata lei.

Cara Emma, perdonami.

Tutto quello che ci succede, tutto quello che ci è successo ha poco senso.

Perdonami quindi, se puoi, per averti esposto alla pura irragionevolezza della vita.

Noi ci ostiniamo, tutti, a raccontarcela in modo diverso, e questo ci confonde. La immaginiamo proprio come un romanzo da cui attendiamo una trama coerente e cause con effetti in qualche modo prevedibili.

La vita invece sceglie percorsi inediti che noi respingiamo con forza vana.

C'è, invece, qualcuno che ce la fa, che riesce a interpretare le sue variazioni sul tema, a rimanere sempre a galla.

Nuotare in superficie può essere una buona soluzione. Ma io non sono mai appartenuta a questa categoria di persone stabili.

A me piace sondare i fondali con la curiosità del sommozzatore.

Faccio parte di quella schiera di scrittori scomodi che non raccontano storie a lieto fine.

Tu lo sai, però, perché hai imparato fin da bambina a usare il mio sguardo.

Perdonami, se puoi, tante volte ho pensato che la vita abbia avuto l'unico scopo di lasciarsi attraversare perché potessi raccontarla.

Scrivo oggi la mia pagina peggiore: scelgo di andarmene. Perdonami se non ho imparato a tenerti la mano.

Tua madre

1.

Forse non si immagina quanto faccia male atterrare dopo un volo dal davanzale di una finestra o dalla ringhiera di un balcone. L'urlo si fa duro e poi smorzato. Il rumore di vetri che si infrangono nessuno pensa sia delle ossa che si rompono. Eppure, da un punto di vista estetico, quel volo ha un sapore poetico, anche se è soltanto un atto di disperazione di cui bisognerebbe avere rispetto. Che richiede tutta la nostra pietà. Che bisognerebbe sforzarsi di comprendere per trovare la forza di assolversi. Capire che non c'è stato un intento punitivo. Nessun messaggio o sottotesto da decifrare. Solo una pena autoinflitta. La voglia di farla finita ti aggredisce e prende il sopravvento quando non hai più niente da dire a nessuno. Nemmeno a te stesso. C'è solo una nebbia densa e fitta che ti ghermisce.

Non avrei mai più dimenticato l'attrito del corpo di mia madre piovuto giù dal balcone come un sacco riempito di pietre. Non sarei riuscita con nessuno sforzo a cancellare dalla mente lo sguardo cieco dei suoi occhi che non chiedevano nulla.

C'era dentro tutto il dolore del mondo.

C'erano gli abbandoni, la solitudine e la malattia. C'erano l'incomprensione e la paura di non essere capace di rimanere intatta, perché – come diceva sempre – per vivere bisogna spezzarsi accettando di sporcarsi le mani. È necessario fare il primo passo, scendere dal piedistallo, rinunciare a un'idea che hai coltivato con forza e ostinazione. Rassegnarsi al silenzio di una tavola imbandita dove nessuno ha voglia di mangiare. Dove si sorride mentre si vorrebbe gridare. Si è costretti a stare fermi mentre le gambe chiedono di andare.

A farsi prendere da questi pensieri, lo sapeva bene, rischiava di finire in manicomio, vestita di bianco come una sposa, con le mani legate dietro la schiena, un ago nel braccio, fiori appassiti tra i capelli e nessuna voglia di combattere.

Dalla vita non si guarisce mai. E io mi ammalavo con lei tutte le volte che cadeva. Insieme scendevamo e risalivamo da abissi di dolore, anche se lei lottava con tutta sé stessa per tenermi lontana dalla sua sofferenza.

«E io vidi il corpo di mia madre portato da due uomini, un corpo bianco seminudo su cui una mano aveva lanciato un cencio, che penzolava, come penzolavano le braccia, i piedi, i capelli.»

L'avevano raccolta come si fa con una bambola con il corpo in frantumi. Sembravano ladri intenti a trafugare la refurtiva. Erano solo passanti terrorizzati, commossi. Confusi dalla caduta fragorosa e innaturale di un corpo che vivo non teme la forza di gravità.

Lei era muta. Forse aveva smesso di respirare. Non riuscivano a capire. Era viva o morta? Si sarebbe potuta salvare da quella caduta così rovinosa da tre piani alti di un antico edificio di tufo giallo nel ventre di Napoli?

Un intero quartiere atterrito. Le solite voci che si rincorrono in questi casi. Tante domande. Pettegolezzi. Eppure, aveva un urlo negli occhi che spiegava tutto. Denunciava la disperazione.

Mi ero girata dall'altra parte mentre la caricavano sull'ambulanza, un conato mi aveva stretto lo stomaco, ero andata di corsa a chiudermi nella mia stanza, lasciando fuori la nonna a chiedere in lacrime il permesso di entrare.

Più la vecchia piangeva, più s'inaspriva il mio dolore che cercava un capro espiatorio, una giustificazione a quella sofferenza inutile. Qualcuno contro cui accanirmi.

Il nonno era salito sull'ambulanza con sua figlia.

Noi eravamo rimaste sospese, in attesa di un provvidenziale squillo del telefono, notizie dall'ospedale, a sciogliere la tensione che mi metteva contro la nonna e la nonna contro di me.

Anche lei sentiva accendersi un rancore tra noi che, sebbene provvisorio e dettato da quell'inaccettabile contingenza, era un sentimento eccedente. Serviva a poco e non ci avrebbe tratte fuori da quel guado.

Sapevamo entrambe come andava attraversato, ma non avevamo voglia di esercitare alcuna solidarietà tra di noi.

Il dolore ci rendeva guaste, avevamo bisogno di assorbirlo in solitudine. Farci del male ci distraeva e in qualche modo ci faceva sentire più forti.

Era andata in cucina con gli occhi spalancati dalla paura, incapace di comprendere quel gesto insensato, da sempre considerato sintomo di pazzia. Aveva messo sul fuoco la moka, aspettava il suo borbottio, per calmarsi con una goccia di caffè. Sua figlia era dunque una squilibrata e lei, pur avendolo sempre saputo, non era stata in grado di proteggerla dalla sua insensatezza.

Poi era arrivata la telefonata del nonno: Costanza dormiva e nessuno dei medici era in grado di dire se e quando si sarebbe risvegliata.

Era iniziata una lunga attesa.

2.

Nella penombra della mia stanza mi sentii immediatamente protetta dal dolore. Tirai la tenda a fiori di cotone pesante e il mondo con il suo disordine sparì. Dovevo resistere. A me toccava vivere e farlo nel modo migliore. Mi spettava il futuro.

Costanza era il passato, aveva avuto la sua vita, aveva fatto le sue scelte. Non potevo pagare io per lei, ma non riuscivo a non soffrire. Il dolore si insinuava in ogni parte del mio corpo, nonostante la mia resistenza. Non avevo pace. Mi facevano male le ossa, lo stomaco, la testa.

Sul letto cercai l'abbraccio della coperta di piume che aveva sostituito il vecchio plaid a quadri rossi e blu che aveva accolto i miei sogni di bambina. Me l'aveva regalata lei in uno di quei giorni di luce sempre più rari. Era una novità: una trapunta imbottita di piume, leggera e caldissima.

Respiravo piano. Tentavo il sonno impossibile. La luce incerta del pomeriggio entrava nella stanza, che ne accoglieva il tepore, dalla piazza arrivavano i rumori del traffico, le voci della gente, il perenne brusio della città indaffarata. La vita continuava fuori da qui indifferente.

Lo cercai. Il libro, che proprio lei, mia madre, mi aveva messo tra le mani due anni prima.

C'era tra noi un dialogo che si svolgeva, silenzioso, attraverso lo scambio di romanzi, citazioni, versi di poesie, fin da quando ero bambina.

Preparavo l'esame di maturità e "Sibilla Aleramo," mi disse "potrà esserti utile".

Intuii subito che quella consegna avesse un significato più profondo. Lo accolsi tiepido dalle sue mani sottili.

Il titolo, *Una donna*, mi aveva folgorata. Era il primo romanzo di Rina Faccio, più conosciuta con lo pseudonimo di Sibilla Aleramo. Il racconto della sua vita. Quasi una confessione.

L'opera, che l'aveva resa popolare ed era stata tradotta in otto lingue, le aveva dato una fama precoce che poi era stata ridimensionata da pregiudizi e dicerie circolate sul suo conto. I libri successivi erano stati accolti con diffidenza.

L'immagine di donna libera e spregiudicata l'avrebbe accompagnata per tutto il resto della sua vita intaccandone anche la credibilità sul piano letterario, facendo spesso prevalere il personaggio sulla scrittrice.

Eppure, lei, per prima, aveva trovato la chiave giusta per intrecciare vita e scrittura, realtà e finzione.

Trasfigurata nel romanzo, la sua vicenda intima diventava paradigmatica e si elevava sul piano dell'universalità.

Da quell'opera sarebbe nato un vero e proprio filone. Tanti altri racconti di donne di cui mi sarei nutrita negli anni più difficili della vita di mia madre. Anni bui in cui mai si era spenta dentro di me la luce che proprio lei mi aveva acceso con la sua cultura, le sue letture, le sue domande.

La mia infanzia si reggeva su una contraddizione. Mi sentivo pervasa da una dolorosa felicità. La mia anima bambina non faceva che alimentarsi delle gioie e dei dolori di mia madre.

E io l'amavo e la odiavo contemporaneamente.

«Succedeva in me la coscienza di non riuscire ad amare mia madre come il mio cuore avrebbe desiderato.»

3.

Sulla copertina la fotografia di Sibilla a mezzo busto. Il viso dai lineamenti delicati è sorretto da una mano affusolata, gli occhi grandi e sognanti guardano un punto indefinito.

Sorride.

È una giovane donna di fine Ottocento, elegante e leggiadra. Con l'altra mano trattiene un libro.

Colta quasi di sorpresa. Svelata nell'intimità di un'azione quotidiana e preziosa: leggere.

Eccomi. Sembra dire.

Leggimi. Sembra suggerire.

Corro allo specchio per un confronto.

Cerco le nostre somiglianze, invento un incontro con lei. Inizia tra noi un corpo a corpo. Letteratura e vita. Menzogna e realtà. Lo stesso binomio su cui si regge la trama del suo romanzo, scritto per tradurre in immagini e parole la sua esperienza in un libro forse troppo letterario. Inutilmente sofisticato. Quasi che lingua e invenzione possano falsificare la vicenda, rendere difficile la lettura.

Bisognerebbe rileggere Flaubert: per una strana coincidenza, io mi chiamo Emma e nel mio precoce avvicinamento alla lettura ho imparato quanta importanza abbia invece l'invenzione nella costruzione dell'immaginario su cui si regge la nostra capacità di affrontare le paure più comuni, di cercare risposte, di sopravvivere alla vita stessa.

Sibilla Aleramo aveva reinventato la sua vita attraverso un romanzo potente che mi teneva incollata alle pagine.

Lascio perdere lo specchio: non c'è partita che io possa vincere con la sua bellezza. I suoi occhi magnetici continuano a scavare nel percorso tortuoso dei miei pensieri.

Inizio a sfogliarlo. Leggo qualche pagina intuendo subito che quel romanzo potrà aiutarmi nella costruzione di una mia identità femminile libera dalla gabbia di stereotipi che aveva imprigionato mia madre ed era all'origine della sua infelicità.

Non avevo mai preso in considerazione l'idea che soffrisse di un disturbo mentale. Sapevo che i suoi sbalzi d'umore erano comprensibili reazioni all'urto con la vita.

Mi immergo nella lettura e in poche ore arrivo alla fine.

Mi sbigottisce, mi emoziona. Lascio risuonare dentro di me le sue domande.

4.

Era rimasto sul mio comodino dal giorno in cui avevo finito di leggerlo. A guardia dei miei sogni. Come se sapesse già tutto di me e aspettasse questo momento per aiutarmi a decifrare i capitomboli del nostro destino.

Sentivo adesso il bisogno di rileggerlo. Cercavo una guida. Un'ispirazione per uscire da quel labirinto: un'attesa senza troppe speranze cui si opponeva con rara determinazione la mia voglia di vivere.

Forse non era un caso se lo avevo lasciato per tanto tempo a nutrirsi di polvere nella pila dei libri più amati. E lui era stato lì ad attendermi.

I segnali sono chiari, manca a noi troppo spesso l'acutezza di decifrarli.

Avvertivo da sempre con la materia viva di quel romanzo una confidenza che non ero riuscita a spiegarmi completamente.

Non iniziai dall'incipit come ogni buon lettore.

Lo ricordavo a memoria: «La mia fanciullezza fu libera e gagliarda». Netto. Folgorante. Mi aveva trascinato nella storia con la forza di una suggestione linguistica potente.

Frugai, invece, avidamente tra le pagine cercando il luogo in cui Sibilla e io ci saremmo incontrate.

Lasciavo fuori dalla stanza i rumori della casa, delle stoviglie e della nonna che, trattenendo le lacrime, adesso rimediava qualcosa da mangiare in cucina.

La generazione che ha vissuto la guerra pensa sempre che tutto si risolva riempiendosi la pancia.

Il nonno era tornato dall'ospedale e si era chiuso nel suo solito silenzio. La ritenni una fortuna. Almeno avrei evitato commenti su quello che era successo.

D'un tratto la pagina mi apparve, proprio dove mi ero soffermata per caso. La ricordavo benissimo.

«Mi riscosse un vocio di donne. Raccontavano. Avevano visto affacciarsi al nostro balcone la figura bianca, scambiata così al sole per una di noi bambine, le avevano fatto cenno di rientrare. La figura s'era sporta, indi abbandonata, piombando di fianco sul terreno.»

So che la vita, quando si confonde con la letteratura, si riduce a un groviglio di parole che alla fine chiariscono tutto.

Occorre lasciarle sulla pagina senza intromettersi, abbandonarle ai loro contrasti, alle contraddizioni. Sanno dove andare da sole. Capiscono tutto le parole.

Sibilla aveva saputo trovare quelle giuste, che a me mancavano in quel momento, per descrivere il giorno più drammatico della sua vita.

Chiusi gli occhi. Adesso io ero Sibilla.

Le immagini di qualche ora prima tornarono vivide: rividi le braccia, i piedi bianchi e tesi, sentii il tonfo cupo. Tutto fu di nuovo presente.

Avrei voluto piangere. Restai zitta e immobile. Ero

stata addestrata a ingoiare il dolore fin da piccola. Si trattava soltanto di stringere le mani per fermare il tremore del corpo, il singhiozzo che saliva dalla pancia allo stomaco, lungo la gola, frenare la pioggia delle lacrime sugli zigomi.

Sibilla non aveva pianto. In qualche modo si era fatta forza pure lei.

La lettura era diventata per me una naturale strategia di sopravvivenza. Me l'avevano insegnato loro. Mia madre. Sibilla.

Nella mia mente i loro volti si sovrappongono. Sono intente a scrivere la loro storia. Da loro ho attinto il coraggio. Leggendo ho capito cosa significa vivere. La nostra vita è materia incandescente. Dovevo attraversare questo fuoco per rinascere. Loro lo avevano fatto prima di me. Da loro ho imparato tutto. Scrivere è stato il loro esercizio spirituale quotidiano. A loro è stato concesso uno stato di grazia perenne.

Potevo leggere per riempire il tempo vuoto dell'attesa.

Mia madre in ospedale sospesa tra mondo dei vivi e dei morti. I nonni atterriti. Io stessa un fantasma.

5.

Cambiare vita. Ricominciare dopo tante delusioni professionali, troppi fallimenti. Andare verso sud, nelle Marche. Affrontare una nuova sfida per sentirsi ancora vivo.

Ambrogio Faccio è un professore di scienze, uno spirito libero. Un anticonformista, profondamente laico. Quando sente che la sua felicità è compromessa, non ci pensa due volte ad accettare l'invito del suo amico Sesto Ciccolini.

"Ce ne andiamo via da qui. Vado a dirigere la fabbrica di Sesto" annuncia una mattina, e loro lo guardano attoniti. Forse pensano che stia solo scherzando. Invece no. Lui non scherza ma resta colpito dalla loro reazione.

"Non avete nulla da dire?" chiede incredulo.

Ernesta, sua moglie, non trova il coraggio di opporsi, di confessargli che non ha nessuna voglia di andarsene dalla sua casa. È una donna fragile e introversa, teme questo sradicamento. Abbassa la testa. Abbozza un sorriso falso. Non vuole deluderlo. Il loro matrimonio ha sempre funzionato così: lui che decide tutto, lei che ubbidisce paziente.

I coniugi Faccio hanno quattro figli. Rina è la maggiore, di dodici anni; dopo di lei ci sono: Cora, di nove anni, Aldo, di sette, Iolanda, di cinque.

Sono troppo piccoli: Ernesta non può contare su un'alleanza con nessuno di loro. Così è deciso: si parte. Ambrogio dirigerà la fabbrica del suo amico.

Le stanze si spogliano: i quadri vengono staccati dalle pareti, gli armadi si svuotano di abiti, cappotti, cappelli, guanti; si riempiono valigie, gli arredi più fragili finiscono dentro casse di legno che con molto rumore vengono inchiodate.

Ernesta muta, si guarda intorno, si lascia stordire dall'allegria incosciente dei bambini. Il corpo esile, le mani piccole, i capelli sottili: sembra predisposta all'ubbidienza. La sua fragilità fisica non conosce la forza d'animo di chi resiste.

Intraprendono il viaggio che sembra troppo lungo, la luce improvvisa e abbagliante di quel paese del Sud, dove una nuova vita li attende, spalanca i loro occhi.

Arrivano a Porto Civitanova Marche, tra dubbi, esitazioni, speranze. Rina è immediatamente colpita da questa terra calda e accogliente. La luce di un sole diverso il cui calore sulla pelle le dà conforto.

Questo trasferimento segna il momento di una nuova vita al fianco di suo padre. Lo ama follemente, più di sé stessa, fin da quando era una bambina dominata da quell'unico amore.

Da lui ha imparato tutto ciò che sa, da lui ha ereditato la curiosità e l'entusiasmo verso la vita. Il rapporto con sua madre è invece attraversato da ombre, reticenze, incomprensioni.

Trascorre le giornate passeggiando con lui, reggendosi al suo braccio con l'orgoglio di una figlia che sa di essere la preferita.

Inebriata dal clima mite e dalla luce nuova di questa terra a una diversa latitudine. Il futuro è aperto e illuminato da una speranza tenace. Sulla costa riceve la carezza della brezza salmastra, si ferma a guardare la linea dell'orizzonte che il mare disegna sull'estremo limite del cielo, incontra gli occhi di suo padre per una domanda, lui conosce sempre tutte le risposte, ma solo lei sa imparare da lui come nessun altro. Complici. Si somigliano in ogni cosa. Un idillio perfetto. Una reciproca dipendenza. Un rapporto esclusivo in cui non c'è spazio per nessuna intromissione. Ernesta, Cora, Iolanda, Aldo non avranno mai accesso a questa loro intimità così profonda.

Ambrogio l'ha voluta con sé nella direzione della vetreria: il tempo degli studi si è interrotto precocemente per Rina, ma lei non se ne rammarica. Ha solo dodici anni quando entra in fabbrica come sua segretaria. La sua infanzia è finita troppo presto ma lei non ha rimpianti. Taglia i ponti con il passato facendo cadere la sua lunga treccia, di fronte allo specchio ovale della sua stanza, sotto le lame di un grosso paio di forbici da cucina. Sceglie un abito più sobrio per il suo nuovo ruolo: una giacca di taglio maschile con molti taschini e una gonna corta verde petrolio. La rinuncia alla sua femminilità sembra così giocata su questo compromesso.

Ambrogio è sereno, conosce l'intelligenza di sua figlia e la sua capacità di riuscire in qualsiasi occupazione. Il lavoro fianco a fianco trasforma il loro legame in un'infatuazione pericolosa.

Rina senza saperlo sta consumando la prima storia

d'amore della sua vita. Inseguirà per sempre l'immagine del padre, lo cercherà in tutti gli uomini che avranno bisogno di possederla senza comprenderla, intimoriti dalla sua grandezza spirituale e dal suo bisogno d'indipendenza.

Ernesta invece vive in solitudine il suo esilio. Raramente esce di casa, diventa sempre più svogliata, assente, incapace di accudire i suoi figli. Rina non comprende gli stati emotivi di sua madre, ne è piuttosto infastidita, cosciente di non amarla come dovrebbe.

Ambrogio ha insinuato nella mente dei figli il convincimento che Ernesta soffra di uno stato depressivo. Quest'idea, debole all'inizio, si irrobustisce gradualmente, perché lei sembra vivere sempre più fuori dal mondo.

Ambrogio riesce così per un bel po' a nascondere ai figli le sue mancanze dissimulando il vero motivo della malinconia perenne della moglie. Ma un colloquio concitato tra marito e moglie rivela i loro rancori: le incomprensioni profonde che fiaccano Ernesta hanno un motivo. I suoi stati d'animo non sono semplicemente il frutto di una fragilità emotiva.

Incomincia a sbiadirsi l'immagine ideale che Rina ha di suo padre. La ragazza prova a guardare sua madre in modo diverso. Sa dare un nome e un volto alla sua malinconia.

Li guarda. Seduti l'uno accanto all'altra. Sembrano ancora una coppia salda intorno a cui si regge il legame di una vera famiglia. Invece è tutto falso.

Lei, muta presso la tavola imbandita per la cena. Incapace di qualsiasi ribellione. Lui impettito e incurante che il suo silenzio diventi una prigione per tutti. Sembra ringiovanito. La schiena dritta, negli occhi il sogno, l'infingimento di un amore nuovo. Nella sua mente c'è un'altra donna che lo porta via, ma lui resiste nella sua finzione, sicuro che quel sacrificio sia necessario a adempiere al suo ufficio di marito e buon padre di famiglia.

Rina percepisce tutto ciò che non hanno il coraggio di dirsi, guarda dentro le crepe del loro rapporto, si scopre all'improvviso nemica di suo padre ed estranea a sua madre. Distante da entrambi e di colpo più sola.

Nel paese la famiglia sta sulla bocca di tutti. Le notizie si rincorrono. Si parla di tradimento, scandalo, gelosia. Per strada Rina si sente scoperta da sguardi curiosi e indiscreti. Il discredito si è abbattuto su loro ormai. Cammina a testa bassa, di fretta, si ferma solo per ascoltare la voce del mare. È un conforto, come il sole feroce che acceca, riscalda, restituisce alla vita.

Il confronto con sua madre le procura un dissidio insanabile: sa di amarla ma si sente diversa da lei, come da Cora, Iolanda. Diversa da tutte le donne di Civitanova. Sospetta che sia questo il motivo per cui suo padre l'ha voluta accanto a sé in fabbrica, ma adesso l'incanto tra loro si è spezzato. Una donna resta sempre una donna destinata a un futuro di sposa e di madre.

Lei continua a difendersi come può: legge, studia, scrive, alimenta il suo spirito critico pur muovendosi in un contesto difficile e culturalmente arretrato.

Sa di essere disprezzata da tutti perché ha rifiutato le occupazioni femminili per il lavoro nella fabbrica. Non si riscatterà nemmeno quando la malattia della madre la costringerà ad assumersi il carico delle faccende domestiche.

È soltanto l'inizio di quella battaglia con le convenzioni sociali, nata da un'esigenza di emancipazione dai ruoli femminili tradizionali, che Sibilla condurrà per una vita intera. Anche in età più matura, fedele alle sue idee, saprà difendere la propria indipendenza, assumendo una posizione originale perfino nei confronti del movimento femminista, il più vicino ai suoi valori.

«Da qui bisognava partire, e non si seppe. La donna non è mai stata una vera e propria individualità: o s'è adattata a piacere all'uomo, non solo fisicamente ma anche moralmente, senza ascoltare i comandi del suo organismo e della sua psiche; o gli si è ribellata copiandolo, allontanandosi ancor di più dalla conquista del suo *io*.»

6.

Pazza. Ogni donna che vuole vivere a modo suo rischia questa etichetta. Così per secoli la pazzia non è stata considerata una malattia ma una condizione esistenziale riprovevole. Pazza vuol dire colpevole.

Rina conosce lo stigma della follia. Da quando si sono trasferiti a Porto Civitanova e sua madre si è intristita, sono incominciate a girare le voci sulla sua pazzia. Ernesta è pazza. Rischia di impazzire anche lei se non trova una distrazione. All'inizio non ha creduto alla follia di sua madre, interpretando il suo comportamento come un supino adattarsi al maschilismo di Ambrogio. I segnali del malessere della donna diventano sempre più preoccupanti. Ernesta è sempre più depressa, silenziosa, inerte. Sempre più inappetente, pallida.

In paese si parla chiaramente ormai del fallimento del matrimonio dei coniugi Faccio. Le voci girano, arrivano fin dentro casa. Ernesta non ce la fa, annega nella sua solitudine, incompresa dai figli, non ha nessuna amicizia.

Impazzisce davvero. Decide che deve farla finita. Dapprima è soltanto un'ipotesi, poi diventa un pensiero ossessivo che si insinua in ogni spazio della sua mente di giorno e di notte. Non la lascia in pace quel pensiero e lei si lascia convincere.

È l'alba, il sole ancora tiepido nel cielo e una brezza leggera. I bambini dormono, Ambrogio si dimena in un dormiveglia inquieto. Lei guarda fuori dalla finestra, cerca un appiglio in quell'alba di un nuovo giorno. Pensa che forse dovrebbe tentare di salvare la sua famiglia. Resistere al compromesso. Tenere chiusa la bocca. Pensare ai suoi figli.

Ambrogio ormai sta sempre in fabbrica e torna a casa soltanto di sera. Si tratta di fingere per poche ore, cenare con lui, aspettare che si addormenti.

All'improvviso le gira la testa, il peso dell'angoscia si fa insopportabile, arriva al balcone barcollando, lo apre per prendere un po' d'aria. Prova a guardare giù, con gli occhi misura la distanza dal suolo. Per un attimo si immagina libera dal peso del corpo, dalla fatica di vivere. Fa un passo indietro, avverte la paura ma, quando un conato d'angoscia risale attraverso l'esofago, pensa che deve farlo.

Dalla piazza i passanti vedono un'ombra: succede tutto in un attimo. È il volo di un angelo: la camicia da notte bianca si gonfia nell'aria come una nuvola. È un volo silenzioso. Disperato.

Ambrogio è risvegliato da un colpo di vento e dal tonfo.

Ernesta! Fa appena in tempo a invocare il nome di sua moglie con un grido roco. Rina accorre con un brutto presagio nel cuore.

Sono giorni difficili, i dolori s'infilano uno dentro l'altro, i rapporti con suo padre sono tesi, sua madre si è ormai arresa. Abbassa gli occhi e vede un corpo sul selciato.

Potrebbe essere chiunque, il cuore si ferma, potrebbe trattarsi di una delle sorelle che ha tentato un gioco pericoloso. Poi Ernesta le appare come un fantasma, livida in volto, gli occhi vuoti. Adesso sa che sua madre voleva morire.

È successo tutto in un attimo. Ma il destino ha deciso che Ernesta deve salvarsi, anche se il tonfo è stato orribile, pesante come di ossa che vanno in pezzi. È vetro frantumato il corpo di sua madre.

"Ce la farà," annuncia il dottore subito dopo averla visitata "ma la convalescenza sarà faticosa e durissima. Avrà dolori per molti mesi e dovrà restare allettata."

"L'importante è che sia salva" dice Ambrogio con lo sguardo fisso sul pavimento.

Sembra sinceramente preoccupato per la sorte di sua moglie, per i suoi figli.

"Papà, non preoccuparti, mi occuperò io di lei, di tutti. Penserò io alla casa e ai fratelli. A mamma non mancherà la mia compagnia."

Assicura Rina con il suo solito piglio deciso e il dottore le sorride mentre lei si avvicina al letto di sua madre e le sfiora la fronte fredda con una carezza lieve che lascia Ernesta indifferente. Gli occhi spalancati verso il soffitto bianco. Non le importa più niente. Voleva davvero morire. Anche in questo ha fallito.

Ambrogio non mostra alcuna gratitudine verso Rina per la sua offerta così generosa. È ormai chiuso nel suo malumore, granitico nella distanza che ha scelto di mettere tra sé e la sua famiglia.

Ancora una volta lei non si lascia scoraggiare; le faccende domestiche, l'accudimento dei fratelli la aiutano a non pensare. Sono la sua espiazione. Un'opportunità, dolorosa ma pur sempre un'opportunità, per ricucire il rapporto con sua madre sfilacciato da troppe incomprensioni. Riesce in questi mesi, finalmente, ad avvicinarsi a lei con pazienza e amore ma doversi confrontare con la sua pazzia è la sfida più difficile. Vorrebbe allontanarsi da quei fantasmi che ne hanno minato l'equilibrio e potrebbero contagiarla.

«L'eredità del male di mia madre, io l'ho debellata da tanto tempo. Io ho voluto non divenir pazza, tutte le volte che la pazzia ho rasentata.»

La pazzia diventa un'ombra che si allunga sulla sua vita. È un inciampo dei suoi passi futuri di donna. Sarà il prezzo che dovrà pagare per il suo affrancamento: accettare lo stigma della follia. E forse crederci. Pazza come Ernesta. È un'ipotesi possibile. Potrebbe spiegare la sua inquietudine, il suo modo strano di stare al mondo. Si lascerà suggestionare da questa convinzione al punto da tentare il suicidio come lei.

«Questo gesto ch'io fo ogni tanto, d'accostarmi i polsi alle tempie per assicurarmi che non sono pazza, verrà mai il tempo in cui lo dimenticherò?»

Ernesta è pazza per la sua ribellione al tradimento del marito. Un uomo con cui non ha mai condiviso nulla.

Il suicidio è liberazione dal silenzio, dalla solitudine, dall'inerzia. Dall'ipocrisia.

Sibilla si è fatta influenzare dal padre, dai pettegolezzi dei vicini, degli operai della fabbrica, ha dubitato della sanità mentale di sua madre e si è allontana da lei. Una reazione istintiva e naturale per una ragazza della sua età.

Quando Ernesta viene internata però subentrano in lei la pietà e la comprensione per quella donna «passata nella vita incompresa da tutti» che resterà per circa vent'anni nel manicomio di Macerata.

Tragicamente separata dai suoi figli. La sua volontà annullata, ogni residua forza fiaccata dalle terapie che le vengono somministrate in quel carcere. Irriconoscibile agli occhi di Sibilla, quando questa andrà a trovarla. Trasfigurata.

Così Ernesta diventa per sempre l'ossessione più dolorosa di Sibilla ma anche l'opportunità di comprendere più a fondo una condizione esistenziale comune a tutte le donne.

«Amare e sacrificarsi e soccombere! Questo il destino suo e forse di tutte le donne?»

7.

È forse questa la vera follia delle donne: amare senza proteggersi. È la nostra ricerca inesausta d'amore che sembra insensata. La richiesta di fedeltà, di attenzioni, di accudimento è la nostra follia.

Per separarsi da mio padre, Costanza era stata costretta a dichiararsi "incapace di intendere e di volere", secondo una formula prevista dal tribunale rotale tra le cause di annullamento del vincolo sacro. All'epoca in Italia non c'era ancora il divorzio e l'unica possibilità di scioglimento del matrimonio era il suo annullamento presso il tribunale ecclesiastico della Sacra Rota. Bisognava sottoporsi a un vero e proprio processo lungo e logorante ma lei non aveva avuto paura.

Né si era fermata quando l'avvocato le aveva consigliato di abbreviare il processo assumendosi tutta la responsabilità.

Si erano dovuti rintracciare dei testimoni, alcuni amici non se l'erano sentita, non volendo danneggiare la reputazione di Costanza, qualcuno invece si era prestato comprendendo che quella era purtroppo l'unica via. Insomma, da quel momento lei divenne un facile bersaglio anche fuori dal matrimonio, anche dopo il processo, quando la falsa verità si diffuse di bocca in bocca: era per tutti la pazza.

Non era stata una bugia, non uno spergiuro. C'era la possibilità che la sua mente avesse vacillato davvero. Troppo fragile di fronte al dolore. Resistere nella prigione del matrimonio le era impossibile.

Lei e mio padre si erano conosciuti al Velvet, un locale molto alla moda alla Riviera di Chiaia, dove si faceva musica dal vivo. Lì lui si esibiva, quasi tutte le sere, al pianoforte, innamorato della sua musica ma soprattutto di sé stesso. Lei ci era capitata quasi per caso con un gruppo di amiche alla ricerca di un po' di svago.

Tutte quelle chiacchiere vuote, il frastuono dei bicchieri, le voci troppo alte, le risate troppo acute. Le era venuta subito la smania di andarsene. Ritornarsene a casa, concentrarsi su una pagina da scrivere, attendere una buona idea sotto lo sguardo luminoso della luna e il freddo che non è mai troppo freddo quando sei al sicuro nella tua stanza.

Ma quanto rumore fa il silenzio. Quanto può essere ingombrante la solitudine che ti fa ritrovare faccia a faccia con te stesso e niente più da obiettare. Solo arrendersi.

E lei si era arresa per ritrovarsi dentro quel locale al centro di una noiosa movida. Le veniva perfino da sbadigliare.

Di mangiare tutte quelle focaccine fritte e rifritte, che restano due anni sullo stomaco, nemmeno a pensarci. La mortale noia degli aperitivi e della frivolezza ostentata a tutti i costi che non ti mette al riparo dalla fragilità, dalle paure.

Si era concessa un unico calice di prosecco ghiacciato sperando di stordirsi per un po' e arrivare sana di mente alla fine di quella serata inutile.

Diventava antipatica con quell'espressione imbronciata che le svestiva il volto della sua naturale dolcezza. Ormai le amiche cercavano di evitarla e la invitavano sempre più raramente alle loro irrinunciabili serate su cui giravano racconti epici.

Quando era iniziata la musica, lei era rimasta attratta dalla melodia del pianoforte ma soprattutto dal musicista. Giovanni l'aveva rapita con la forza magnetica dei suoi occhi scuri. Si erano piaciuti subito, lei non aveva smesso di guardarlo per tutto il tempo dell'esecuzione e lui doveva aver captato un interesse nello sguardo di lei che non lo aveva lasciato indifferente.

Quando alla fine del concerto lui si era ritirato nel camerino, lei aveva avvertito un dispiacere sproporzionato, in fondo non sapeva chi fosse e non si erano scambiati una sola parola. A sorpresa però l'avvenente pianista era ritornato in sala e con una certa spavalderia si era seduto proprio al suo tavolo. Un inatteso colpo di scena che l'aveva inorgoglita, lasciando le sue amiche a bocca aperta. Finalmente avrebbero smesso di pensare a lei come a una sfigata.

Dopo un primo imbarazzo si erano presentati, tutto il resto era scivolato con naturalezza, complice la bottiglia di prosecco che avevano consumato insieme tra una confidenza e l'altra, riconoscendosi e stupendosi di quella sintonia così immediata.

Finalmente un uomo interessante, un musicista, un lettore appassionato. Quante letture avevano in comune, quante storie, quante cose da dirsi finalmente, perfino in quel locale in cui lei si era sentita così fuori posto prima di incontrarlo. Era forse avvenuto il miracolo.

Avevano l'età giusta per sposarsi. Costanza era assillata da questo pensiero. Sua madre la tormentava da un pezzo con i suoi malumori. Aveva maturato l'ossessione che la sua unica figlia restasse zitella. La cosa peggiore che potesse accadere a una donna. "Meglio un matrimonio sbagliato che una vita da sola. Perché una donna sola non può uscire, non può viaggiare, non può diventare madre." Glielo ripeteva tutti i giorni. Le sembrava inutile la vita di una donna senza un marito.

"Ormai hai trentadue anni. Sta diventando troppo tardi per tutto."

La faceva sentire una merce vecchia, ormai avariata. Quella pressione che quotidianamente esercitava su di lei "per il suo bene" la sfiniva. Le aveva fatto perdere la fiducia in sé stessa, allo specchio si vedeva sfiorita. Sentiva di dover correre ai ripari. Le sembrava di aver sprecato il tempo verde della giovinezza dedicandosi ad ambizioni velleitarie. La scrittura la distraeva, la allontanava dalle amicizie. Anche se la sua era stata una scelta, era rimasta sola. Doveva impegnarsi a trovare il marito.

L'impresa però si era rivelata più difficile di quanto avesse immaginato. Non bastavano l'impegno e la dedizione. Occorreva una mano dal cielo. Intanto sua madre continuava a martellare.

"Ma che ti sei messa in testa? Con quest'aria da filosofa esistenzialista non si avvicina nessuno. Ma non le vedi le altre, allegre, civettuole? Resterai zitella e ti ricorderai delle mie parole. Lascia perdere per un po' questi libri. Sorridi, vai da un parrucchiere, compra un vestito nuovo. Un bel paio di scarpe con i tacchi."

Con una buona dose di pazienza Costanza aveva accolto i preziosi suggerimenti di sua madre addirittura annotandoli su un taccuino. Come una scolaretta, mettendo a tacere il suo spirito critico e la sua vivacità intellettuale, aveva eseguito alla lettera quelle prescrizioni come si fa con la ricetta di uno specialista: parrucchiere, vestito, tacchi, sorrisi.

Dopo una settimana, aveva incontrato Giovanni. Un colpo di fulmine o il risultato di un'accurata strategia. Si erano piaciuti subito e lui l'aveva chiesta in sposa. Costanza aveva detto sì per assecondare i desideri di sua madre più che i suoi. Certo di Giovanni si era infatuata, era innegabile. Quell'infatuazione che spesso si scambia per amore.

Ma nemmeno il matrimonio aveva messo a tacere sua madre. Mancava un altro importante tassello. Essere la figlia di un notaio e appartenere alla ricca e colta borghesia napoletana non aveva tenuto Costanza al riparo da una certa educazione fatta di regole e stereotipi derivanti da una cultura maschilista. Pochi mesi dopo era iniziata una nuova cantilena.

"Fate un figlio. Almeno uno. Fatelo subito, prima di diventare troppo vecchi."

Le era stato instillato così il desiderio di maternità mentre aveva iniziato a scrivere un romanzo. Doveva farlo di sera tardi o di mattina quando Giovanni usciva di casa. Si sentiva costretta a nascondersi perché intuiva che la scrittura veniva vista come un ostacolo alla realizzazione dei suoi doveri matrimoniali. "Sposina fresca" la chiamavano tutti e lei sorrideva poco convinta. Intanto continuava a chiedersi perché alle donne viene sempre chiesto di scegliere. Agli uomini mai.

I primi mesi di convivenza scivolarono agilmente sulla rotta dei piaceri inediti che il matrimonio portava con sé. Poi cambiò tutto di fronte ai no di Giovanni. Sempre più frequenti e perentori.

Non se l'erano detto che lei voleva diventare una scrittrice. Per Giovanni esisteva solo la sua musica e la sua realizzazione personale. Non si prevedeva un'altra stella nella loro famiglia. Bastava lui. L'ambizione artistica di Costanza era stata accolta come un tradimento del loro progetto matrimoniale. Conosceva la sua passione per la scrittura, lei gliene aveva parlato, gli aveva letto i suoi racconti, avevano insieme fantasticato, ma l'aveva considerata alla stregua di un hobby da coltivare nei tempi morti per puro diletto. Aveva bisogno di una moglie vera che si prendesse cura di lui, della sua vita divisa tra famiglia e palcoscenico.

Peccato che queste cose non se le fossero dette con chiarezza quando ancora ci sarebbe stata la possibilità di fare un passo indietro. Ma le rinunce delle donne sono sempre scontate.

Non ci furono grandi scenate ma un silenzio greve e giorni di solitudine in cui lui si teneva impegnato fuori casa e lei illudeva il tempo scrivendo. Adesso senza più nascondersi: era diventata una questione di principio.

Avrebbero dovuto separarsi subito. La loro convivenza appariva forzata e disumana. Combattevano una guerra invisibile su fronti opposti. Lei rifiutava ogni occupazione domestica: lasciava che la polvere si accumulasse sui mobili, teneva chiusi balconi e finestre, se ne stava in vestaglia fino a tardi china sui fogli alla luce scarsa di una lampadina, mangiava pochissimo, si addormentava presto, si svegliava nel cuore della notte, agitata, insonne fino all'alba. Resisteva per non piegarsi alla volontà del marito.

Ma non aveva smesso di desiderare un figlio. Ormai si era affezionata all'idea di essere madre. Lo voleva con tutta sé stessa, con maggiore convinzione di quanto avesse desiderato sposarsi. Le sembrava una buona ragione per perseverare. Si illudeva che le cose tra loro con un figlio potessero ancora cambiare. Era testarda e fiduciosa. Pronta ad affrontare qualsiasi rinuncia o sofferenza.

Lui non si oppose all'idea di restare insieme per un figlio. Pensava che la maternità avrebbe ridimensionato le ambizioni di Costanza. Temeva soprattutto il giudizio della sua famiglia che non poteva comprendere i capricci – tali sarebbero stati considerati – di sua moglie.

Era nato a Minervino, un paesino della Puglia in provincia di Lecce, da gente umile. Contadini abituati a misurarsi con la fatica della terra, a sottostare al dettato del cielo e delle stagioni. Non potevano capire. Era già stata un'impresa ottenere di studiare pianoforte al Conservatorio San Pietro a Majella di Napoli. Il suo allontanamento da casa era stato mal sopportato. Poi era arrivato il matrimonio con una donna che non apparteneva alla loro terra. Laureata in Filosofia. Anche questa sembrava una stranezza. Non avrebbe mai potuto rivelare che lei voleva fare la scrittrice.

Costanza si era rasserenata di fronte alla nuova mansuetudine del marito.

«Egli credeva nella persistenza del mio amore e dal suo canto penso m'amasse un po' come una cosa sua, una proprietà, o se l'imponesse secondo un'idea convenzionale del dovere.»

Pensava di vincere la sua battaglia mettendo al mondo un figlio. Era l'unico vantaggio che avesse e voleva giocarselo. Ma non era stato facile. Il bambino tanto atteso non arrivava. Si erano recati da uno specialista che aveva dato loro una speranza, ma si sarebbe dovuta sottoporre a un bombardamento di ormoni. Alla fine, ce l'avevano fatta ed ero nata io. Emma.

Costanza si sentiva giovane e felice come mai era avvenuto prima.

«Io stringevo fra le braccia la mia creatura, viva, viva, viva!»

Per sei mesi la vita coniugale sembrò poter funzionare.

Era talmente presa dalla maternità da non accorgersi di ciò che succedeva intorno a lei. Giovanni stava in casa pochissimo, era distratto, malinconico, sofferente.

Di fronte a questo ennesimo fallimento – lo capiva – non si poteva più aggiustare niente tra loro, ma almeno lei aveva ottenuto di diventare madre.

Avrebbe potuto perdonare le intemperanze di Giovanni. Ma la violenza no. E Giovanni era diventato violento. Finché un giorno aveva fatto a pezzi gli appunti del suo nuovo romanzo che incautamente lei aveva lasciato su un divano.

La rottura definitiva tra loro era arrivata per quei fogli ridotti in coriandoli. Le aveva fatto più male di uno schiaffo. Tra loro era finita.

Appresi tutta la storia origliando dietro la porta che si chiudeva quando gli adulti dovevano discutere di argomenti proibiti. A volte però alzavano la voce senza curarsi del fatto che io potevo sentire. Non pensavano fossi già in grado di capire.

Invece avevo capito tutto. Era stato lo stress. La determinazione di Costanza nel difendere i suoi progetti. La mia nascita aveva peggiorato le cose tra loro.

Capivo anche perché i nonni avessero voluto proteggermi tenendomi lontano da lui, anche se questa è la cosa che più mi fa male. Loro non lo hanno mai saputo, ho preferito pensassero di aver fatto la scelta giusta impreparati a quella situazione così complicata. Un segreto protetto per tanti anni da qualsiasi indiscrezione.

Eppure, mio padre e mia madre restano per me un padre e una madre come gli altri. Non ho mai chiesto più di ciò che potessero darmi. Li ho amati come ogni figlia ama i suoi genitori, li ho detestati come spesso accade in tante famiglie, li ho perdonati come spero possano perdonarmi un giorno i miei figli qualora tocchi anche a me di diventare madre.

Non c'è nulla di mitico nelle nostre vite, a volerle guardare al microscopio. Le famiglie hanno spesso membra piagate, sono luoghi di occasioni sprecate in cui si diventa cannibali.

È difficile essere famiglia. Non potrei dire che i miei non ci abbiano provato.

8.

Ogni tanto trovo la forza di uscire dalla mia stanza.

Ho dormito, ho sognato o forse ho soltanto pensato a occhi chiusi al dolore di Costanza. Ho paura che lei mi abbia già contagiata.

Io voglio vivere. Dico. Io voglio essere felice. Dico. Desidero la spensieratezza e una vita normale. Fuori da qui. Da questa casa. Da queste pareti che scricchiolano. Dai silenzi che si alternano a parole indicibili.

Penso di avere diritto alla mia età. Ai miei sogni. All'amore. E non devo vergognarmi dei miei desideri. Non voglio vergognarmi di lei. Voglio stare nel mondo mentre per lei il mondo è soltanto una distrazione dalla scrittura. Io non lo voglio questo strappo dalla vita. Voglio immergermi nelle piccole gioie quotidiane e vivere. Voglio crescere, innamorarmi, scegliere un lavoro e amare i miei figli. Lei mi soffoca, annego nel suo dolore. Devo salvarmi da tutto questo.

Attraverso le stanze con passi brevi e incerti, attenta a non fare rumore, incontro subito gli occhi opachi dei nonni, misuro le nostre solitudini. Ciascuno di noi si sta ponendo una domanda diversa. Ognuno ha una risposta. Ognuno ha la sua pena. Ognuno la sua parte di responsabilità. Dobbiamo fare i conti con le nostre ribellioni e il desiderio di fuggire dal dolore di Costanza che abbiamo sempre annusato preferendo restare sulla soglia. Anche adesso che la porta si è aperta, nessuno di noi ha il coraggio di attraversare il confine e guardare cosa c'è in quella stanza.

La nonna mi viene incontro con una tazza di latte caldo, sa che ne vado matta, in un piattino ha messo due frollini al miele, tenta una carezza, mi sottraggo con occhi di fuoco.

"Lasciala stare" le dice il nonno con voce stanca. Intanto, noncurante del divieto del cardiologo, fuma l'ennesima sigaretta. Depone la cenere in una coppetta di ceramica di Vietri adattata a ceneriera e sembra liberarsi dalle scorie del suo malumore così evidente.

Sembra più vecchio, si stringe nella giacca a quadri di foggia elegante che indossava prima che succedesse. Non ha avuto voglia di cambiarsi quando è tornato dall'ospedale, è rimasto muto, seduto sul divano, a sorvegliare il telefono. Pareva lo implorasse di squillare. Di portare una buona notizia.

Devo ai nonni ogni pezzo di vita serena che ho potuto rubare al mio destino segnato dalla nascita. Da quando Costanza è tornata qui. Avevo solo sei mesi. Loro non hanno esitato ad accoglierci pur sapendo quanto sarebbe stato difficile.

Una donna che prima degli anni Settanta lascia il marito è considerata pazza o una poco di buono. Costanza non ha temuto il discredito, è andata avanti nella sua battaglia per riprendersi la sua vita. Ha pagato a caro prezzo la sua libertà, a furia di sentirsi chiamare pazza, forse lo è diventata davvero.

«Ma a nessuno, a nessuno, né uomo né donna, oso darmi come esempio, perché in verità non so se saprebbero pagarne il prezzo... Oppure, oppure so che se io il prezzo ho potuto pagarlo è stato perché era mio destino che pagandolo io divenissi poeta – destino raro sulla terra ancora...»

Lei ha sempre sorriso della morale comune, dei giudizi affrettati, dei pregiudizi. La condanna senza appello di una donna giovane che resta senza marito. Quasi fosse una mutilazione. Una scelta spregiudicata di chi non ha regole e misura.

Nessuno si è domandato cosa racconti la sua storia, quanto dolore ci sia in quella scelta, quanto coraggio.

A scuola rischiavo di essere emarginata dagli altri bambini che crescevano al riparo di una famiglia normale. Non era un problema per me. Non me ne vergognavo. Non soffrivo. Avevo i miei affetti e non mi preoccupavo di dare un'etichetta ai nostri rapporti familiari. Avere una famiglia diversa non mi faceva sentire diversa.

Ma Costanza mi proteggeva. Non mi accompagnava mai a una festa di compleanno.

"Una donna senza un uomo accanto a sé è considerata pericolosa," diceva "è una che va a prendersi i mariti delle altre. Ma tu hai diritto a una vita normale."

Sceglieva di sparire per neutralizzare ogni sospetto senza temere di annullarsi per me. Mi accompagnava fino al palazzo, al citofono fingeva un impegno, la padrona di casa insisteva per offrirle almeno un caffè, niente da fare: doveva proprio andare, sarebbe tornata a prendermi alla fine della festa. Sempre così. Una storia che si ripeteva ogni volta.

E io non solo non avevo un papà che mi caricasse sulle spalle e mi facesse toccare il cielo, ma avevo una mamma sempre troppo impegnata per stare insieme alle altre che facevano salotto, ridevano e si divertivano insieme mentre accudivano i loro bambini che giocavano sereni con gli altri. Ogni tanto qualcuno piangeva per un capriccio, per un dispetto subito da un bambino sgarbato e correva dalla sua mamma che stava lì pronta a soccorrerlo. Tutte le madri stavano lì, comodamente sedute su divani accoglienti a chiacchierare tra le nuvole grigie del fumo delle sigarette, innocua trasgressione di un mondo femminile ancora lontano dall'indipendenza. Ma loro erano lì, pronte per i loro bambini. Invece Costanza mi lasciava da sola a vedermela con gli schiamazzi, i giochi e l'allegria degli altri. Perché allegra fino in fondo io non lo ero mai.

Lei si è dovuta nascondere per assicurarmi una vita normale.

È andata così: ha rischiato di diventare pazza davvero e anche una poco di buono. Gli uomini con lei si fanno un giro e la lasciano. Anche quella volta in cui l'amore sembra vero. E lei annega, va sul fondo ma resiste, un colpo di reni, le cosce robuste diventano pinne, risale in superficie, respira, si specchia nel cielo, si riconosce. Non ha rimpianti. È una donna libera. Vera. Non è una pazza. Non è una poco di buono. Segue la sua strada, asseconda una vocazione. È un'artista. Una scrittrice.

Il latte ha un sapore disgustoso e i biscotti non mi vanno. La nonna insiste, dice che sono sciupata e devo mangiare qualcosa. Allontano con la mano il piattino da dolce e la tazza di ceramica. Lei se ne va ingobbita, trascinando i piedi lenti sul pavimento. Percepisco il lieve tremore che attraversa il suo corpo, da quando è successo anche lei mi sembra più vecchia.

Dovrei trovare il coraggio di parlarle, provare a sciogliere questo nodo che mi strozza il respiro. Ma forse è troppo presto.

L'unica cosa che riesco a fare adesso è leggere.

«Un libro che recasse tradotte tutte le idee che si agitavano in me caoticamente da due anni, e portasse l'impronta della passione. Non lo avrebbe mai scritto nessuno? Nessuna donna v'era al mondo che avesse sofferto, che avesse ricevuto dalle cose animate e inanimate gli ammonimenti ch'io avevo ricevuto, e sapesse trarre da ciò la pura essenza, il capolavoro equivalente a una vita?»

9.

Il 21 gennaio 1893 Rina sposa Ulderico Pierangeli acconsentendo al matrimonio riparatore. Non ha altra scelta per rimediare all'onore perduto. Si sottomette docilmente alle regole di un codice accettato da tutte le donne.

Ma il matrimonio è anche la possibilità di allontanarsi dalla famiglia d'origine dilaniata da litigi e incomprensioni. Ammalata dalla sofferenza di sua madre che lei aveva giudicato troppo severamente fino a rimanere schiacciata dal senso di colpa. Quasi fosse sua la responsabilità di quel naufragio familiare.

Rina si sente ferita dal comportamento di suo padre che sta umiliando la moglie e i figli. Il clima in casa è diventato irrespirabile. Ambrogio torna sempre più tardi di sera. Lo aspettano per mettersi a tavola. Entra in casa senza un sorriso. Ormai non nasconde più la sua relazione clandestina. Non ne parla ma nemmeno smentisce quando Ernesta lo aggredisce con le sue domande. "È una donna gelosa e impaziente che non sa stare al posto suo" va dicendo in giro di lei senza più alcun affetto.

È stato proprio il suo compagno di ufficio, Ulderico Pierangeli, il futuro marito, a rivelarle che suo padre ha un'amante. Forse per vendicarsi. Tra lui e Ambrogio non c'è mai stata grande simpatia e Ambrogio non gli ha risparmiato qualche angheria profittando della sua posizione.

Ulderico ha ascoltato le dicerie del paese, le ha messe insieme, ha composto un quadro preciso, ogni dettaglio è al suo posto. L'ha aspettata per raccontarle cosa fa suo padre nelle lunghe ore in cui si assenta dalla fabbrica o quando di sera arriva a casa sempre in ritardo.

Lei oggi gli appare più bella del solito, sorridente e leggiadra con una gonna blu ampia e lunga fino alle caviglie sottili. Inusuale per lei che di solito ostenta un abbigliamento maschile.

"Devo dirti una cosa importante" le dice bloccandola sulla soglia.

"Adesso non ho tempo" gli risponde bruscamente per una certa diffidenza, quasi intuendo la catastrofe.

"Devo dirti di tuo padre... Ti sarai accorta che c'è qualcosa che non va."

"Non so di che parli" risponde mentendo.

"Devi ascoltarmi."

Insiste, invitandola a sedersi sulla sedia che le offre con falsa premura. Sta per colpirla e lo sa. È ciò che vuole.

Docile, addomesticata da quel dolore troppo amaro, ascolta parole crudeli, abbandonata sulla seggiola, senza la forza di reagire, di impedirgli di parlare. Il viso pallido, le mani arrese, gli occhi lucidi. Colpevole di aver intuito già tutto e di non essere stata capace di redimere suo padre. Ulderico incalza, vuole condurla alla capitolazione. Quando lui è sul punto di rivelarle i dettagli più piccanti, lei finalmente si ribella.

"Adesso basta. Non ti credo e non ti permetto di infierire così."

Gli intima e poi fugge. Fuori, all'aperto, per piangere lontano da lui. Tra i colori dei campi fioriti e sotto l'azzurro del cielo si lascia finalmente andare al suo dolore e accoglie le lacrime come un rito di purificazione.

«Mio padre, l'esemplare raggiante, si trasformava d'un tratto in un oggetto d'orrore.»

È poco più grande di una bambina, ha appena quindici anni e tutto il suo mondo è già andato in pezzi. Ulderico è un uomo astuto e ha saputo indebolirla. Fiaccare la sua forza d'animo, il coraggio di una giovane che ha saputo muoversi con tanta maestria nel lavoro in fabbrica, è l'unico modo per poter profittare di lei.

Si conoscono da un pezzo. Da quando Sibilla è arrivata lì dopo aver sacrificato la sua treccia per sentirsi all'altezza delle aspettative di suo padre. A lei Ulderico non dispiace, i suoi occhi verdi, dello stesso colore di olive mature, l'hanno colpita dal primo momento in cui si sono incontrati.

Nel grosso stanzone, tra carte e registri e i vapori di una grossa stufa a carbone che ammorba l'aria, restano soli per molte ore al giorno. Discutono, ridono, scherzano, si guardano con desiderio. Ogni tanto lui si tradisce con qualche parola di troppo che lei finge di non sentire. Non le dispiace quel corteggiamento sempre più incalzante che gradualmente si trasforma in un assedio.

A volte lui sa compiacerla, altre volte sbaglia tutto: è invadente, arrogante. Sibilla lo detesta ma, quando si fa sera, si sorprende a pensare a lui.

Suo padre non gradisce la loro amicizia. La avverte: "Stai lontana da quell'uomo".

"Non c'è niente tra noi" assicura mentendo.

Per ubbidienza, con scarsa convinzione, Rina lo allontana anche dai suoi pensieri, riservandogli uno spazio soltanto tra i più intimi e segreti.

Sono i giorni in cui in casa Faccio è scoppiato lo scandalo. Nell'animo di Rina si agita il tumulto di sentimenti opposti e inconfessabili.

«In certi momenti mi sentivo atona, istupidita, e quell'unica voce continuava, m'investiva coll'accento della passione.»

Si aggiunge il dispiacere di dover lasciare la fabbrica. Rina ha il cedimento definitivo. È smarrita, disperata e desiderosa d'amore. Ulderico è un attento osservatore, capisce che è giunto il momento di farsi avanti.

È mattina. Rina è arrivata in anticipo sull'orario consueto, si guarda intorno con la nostalgia di chi sa che se ne deve andare. Inizia a radunare le sue cose per portarle via, i suoi gesti sono stanchi, rassegnati. Lui si avvicina, le accarezza furtivamente la guancia, le fa sentire il suo respiro sulla nuca, quando lei si gira verso di lui, fa aderire le labbra alle sue. Rina è pietrificata dalla sua audacia ma per un attimo tentenna, vorrebbe abbandonarsi a quel bacio romantico come quei baci descritti nei romanzi che hanno scavato dentro di lei un desiderio fino ad allora sconosciuto. Ma dura un attimo, poi lei si ravvede e tenta di respingerlo, lui però non desiste inebriato da quel suo breve abbandono.

È successo troppo presto, è ancora una ragazzina, i suoi sensi non sono ancora pronti. Ulderico invece brucia di una passione maschia che lei ha involontariamente acceso. Con quella breve resa ha aperto un varco.

Lui per tutta la notte non si dà pace. Ogni volta che riesce a chiudere gli occhi, Rina gli compare in sogno. All'alba si tranquillizza: finalmente potrà rivederla. Ormai è votato a un solo disegno: possederla.

Accade accanto allo stipite di una porta dell'ufficio. Accade. Rina subisce, non ha la forza di reagire. Accade. E lei non ha il coraggio di opporsi. L'abbraccio di Ulderico, questa volta, è diverso: il corpo dell'uomo preme sul suo cercando il piacere, pretendendo che lei finalmente si arrenda. Accade. È l'epifania di un nuovo orrore nella sua vita.

Il giorno dopo, Rina non si reca in ufficio. Resta chiusa nella sua stanza a interrogarsi. Ormai l'età della spensieratezza è finita. Ne è consapevole. Si pente di averlo incoraggiato. Si convince che è stata colpa sua e che toccherà a lei rimediare. Così l'idea del matrimonio riparatore si fa spazio nella sua mente. Diventa la soluzione.

10.

Non era questo l'amore immaginato, sognato, desiderato ma Rina non vuole rinunciarvi. Usa la fantasia alimentata dalle letture per sconfiggere lo squallore della realtà.

Combatte con sé stessa per innamorarsi perfino di quell'uomo codardo e meschino che ha profittato della sua debolezza nel momento in cui lei era più fragile.

Ormai il baricentro della sua vita si è spostato. Anche se disorientata, umiliata, disillusa, Rina continua a sognare.

«Io volevo credere alla mia felicità, presente e avvenire; volevo trovare bello e grande l'amore.»

Ancora una volta la letteratura diventa strumento di salvezza.

Ma davvero Sibilla pensava di riuscire ad amare l'uomo che aveva usato contro di lei ogni tipo di violenza psicologica e fisica? Davvero credeva che la sua vita potesse aggiustarsi, la strada storta diventare dritta? L'aveva immaginata come un *feuilleton* rosa a lieto fine?

A tal punto la letteratura ci può rendere ciechi, ostinati, illusi?

Temevo che sarebbe successo anche a me che mi nutrivo di libri, leggevo di nascosto versi tormentati, romanzi proibiti. Storie che nutrivano la mia fantasia lasciando sconfinare la mia immaginazione.

Era scritto nel mio destino. Era scritto nel mio nome. Farneticavo. Accumulavo giornali, libri, saggi, reportage. Costruivo il mio futuro modellandolo sulle scelte dei personaggi, stavo sempre con la testa fra le nuvole, confondevo le storie inventate con la realtà. Con le amiche e le compagne di scuola dissimulavo la mia passione, mi inserivo nei loro discorsi, prendevo la parola per chiacchierare di ragazzi, feste, vacanze al mare, loro però intuivano che io mi forzavo. C'era un lato opaco della mia vita che appariva inaccessibile a tutti.

«Amarlo, amarlo! Sì, lo volevo tenacemente.»

In più luoghi del romanzo, Sibilla esprime il suo desiderio di amore irrealizzabile. Il matrimonio con quell'uomo interessato e meschino accresce la sua consapevolezza di non essere capace di vivere adeguandosi al canone borghese.

Si reputa una moglie imperfetta e dunque una donna incompleta. Attribuisce a sé stessa la responsabilità di questo fallimento, quasi dimenticando di essere stata costretta al matrimonio dallo stupro. Invidia tutte le altre donne che ce la fanno e si dedicano con soddisfazione alla cura dei figli, alla chiesa, alla cucina senza chiedere o aspettarsi altro dalla vita. Forse felici. Sicuramente più felici di lei che se ne sta in bilico, confusa tra desideri diversi, ancora priva dell'istinto materno che si accende naturalmente in tutte le giovani spose. In paese ormai tutti sparlano di lei e del suo isolamento. Ulderico l'ha allontanata da tutti e con la sua forza subdola le ha instillato la sfiducia nelle sue capacità, perfino nella sua avvenenza. Vuole una donna arresa al suo fianco.

L'immagine che Rina vede riflessa allo specchio non le corrisponde più. Ha un viso da «bimba vecchia».

Usa questo ossimoro per raccontarsi. Decide di non opporsi, piuttosto di resistere allentando le difese, inabissandosi in un torpore passivo.

Si offre alle sevizie del suo carnefice, che la umilia con i suoi silenzi protratti, il malumore di serate interminabili.

In un eccesso di crudeltà, un giorno, Ulderico le fa trovare le lettere d'amore di una precedente fidanzata. Le ha lasciate bene in vista su una mensola del salotto, accanto alla scrivania, dove Rina ogni pomeriggio trascorre qualche ora di libertà dedicandosi alle sue letture. La cassetta è bene in vista, una trappola in cui lei cade facilmente. Le lettere non lasciano dubbi: Rina vi legge le parole appassionate che mai Ulderico ha usato con lei. Attende che ritorni, si fa trovare con le mani tra i fogli.

"Non sapevo nulla di questa tua fidanzata" gli dice mordendosi le labbra. Lui intuisce che è sconvolta.

"È una vecchia storia. Ti giuro che l'avevo cancellata" si difende con scarsa convinzione.

"Non mi sembra una storia dimenticata. Conservi ancora tutte le sue lettere."

"E invece ti sbagli, né lei né nessuna delle altre donne contano ormai per me. Te lo giuro: ci sei solo tu."

Ancora più furiosa Rina inizia a rovistare nella cassetta e in breve saltano fuori altre lettere, altre donne, altre storie.

"Anche queste," gli chiede brandendole "anche queste non contano nulla?"

"Te lo giuro." Il tono adesso si è fatto supplichevole.

"E allora spiegami perché io non ne sapevo nulla. Dimmi perché mi hai nascosto il tuo passato."

"Non ti ho nascosto nulla. Ho solo pensato che non fosse importante riferirti l'elenco delle donne che ti hanno preceduta."

"L'elenco... certo, l'elenco. Tu davvero non ti rendi conto di quanto riesci a essere disumano. Ti odio."

Rina si accovaccia sul pavimento, inutilmente tenta di trattenere le lacrime. Ulderico forse è pentito di aver macchinato quella provocazione per ferirla. Si rende conto troppo tardi di aver peggiorato la situazione. Si guarda intorno smarrito mentre Rina inizia a sfogare la sua rabbia, stracciando le lettere con furia.

"Eccole le tue donne" gli dice piangendo. "Eccolo qui il tuo elenco."

Frammenti di carta minuscoli piovono sul pavimento. Adesso lei non piange più, sorride con un ghigno amaro, doloroso.

Ma nemmeno dopo questo episodio Ulderico rinuncia alla sua strategia: vuole sfinirla, condurla alla resa.

Dopo un aborto spontaneo, «Per molti giorni giacqui inerte, ripetendo piano a me stessa la parola mamma», Rina deve affrontare l'aggravarsi di sua madre: «Di lei, di quel ch'ella era stata non sarebbe rimasto a noi che la memoria, come un oscuro ammonimento».

Eppure, non si spengono le sue speranze, la vivacità della sua intelligenza, le incredibili risorse interiori. Il suo desiderio di vivere è più forte di qualsiasi sofferenza. Così ricomincia presto per lei «il giro dei giorni e delle settimane». Per sopravvivere alla routine matrimoniale e ai maltrattamenti di Ulderico, decide di fingere: traveste di tranquillità la sua inquietudine.

Lui non capisce. Si sente finalmente appagato dalla remissività della moglie. Scambia la finzione per una ritrovata serenità.

Anche questo è un segno eloquente della diversa statura intellettiva e morale dei due sposi. La loro distanza è irriducibile.

11.

Si è nutrita di libri l'infanzia *libera e gagliarda* di Sibilla Aleramo.

Libri, libri ovunque. Letture precoci, a volte difficili, talora incomprensibili, sempre preziose.

Una stanzuccia di libri nella vasta casa di Milano.

Il primo libro glielo regala la maestra Giuseppina che le insegna a leggere e a scrivere.

Rina è la più brava della classe. Giuseppina sa riconoscere il talento, l'intelligenza di quella bambina straordinaria che parla solo se interrogata ma dice sempre la cosa giusta. La sintonia e l'affetto tra loro inossidabili, messi alla prova dal tempo e dalla distanza, resisteranno grazie alle lettere che con cadenza mensile si scambieranno per una vita intera.

Quel primo libro, una pietra miliare nella sua formazione, Rina lo custodisce come uno scrigno da cui tira fuori immagini e sogni. Precocissima nel capire quanto valgano le parole. Le storie non la annoiano mai.

A Milano e poi a Porto Civitanova, ancora a Roma, Firenze, Sorrento, Napoli, nei suoi pellegrinaggi lungo l'Italia, in età diverse della vita, Sibilla porta sempre con sé i suoi libri.

A Milano è ancora una bambina quando resta per ore incollata alle pagine rifiutando una passeggiata con la mamma, un gioco con i fratelli. Sprofondata in una grande sedia, s'immerge nella lettura. Perduta e distante da tutti.

Ernesta la guarda, vorrebbe chiederle di accompagnarla, ha un appuntamento con una zia, ma intuisce quale potrebbe essere la risposta di quella figlia taciturna e diversa, quindi lascia stare. Se ne va sospirando.

Rina non si accorge nemmeno che sua madre è uscita accostando piano la porta per non fare rumore. Chiude il libro e prova a scandire le sillabe di un verso, si esercita a mandarlo a memoria. Le piacciono i suoni delle parole, piovono come gocce leggere sui vetri in estate.

Alcuni libri le procurano una «specie di ebbrezza dell'immaginazione». Così può andarsene da un'altra parte. Perché talvolta la vita in casa si fa davvero pesante, quando Ambrogio ed Ernesta alzano troppo la voce. Tra lei e le lacrime di sua madre un buon libro può alzare una barriera.

A Porto Civitanova la situazione peggiora. Ambrogio ed Ernesta non pongono freni al malumore che esplode in litigi interminabili. Se stanno zitti, forse, è anche peggio. Il silenzio accresce il rancore, l'ira di Ambrogio può diventare all'improvviso incontenibile.

Tutta questa sofferenza dei suoi genitori lei non può accollarsela.

Per fortuna ci sono i libri anche nei giorni più grigi, quando la famiglia va definitivamente in pezzi.

Dopo il tentato suicidio di Ernesta, l'estremo di tanti impercettibili crolli sotterranei, Ambrogio si allontana per sempre dalla moglie, e, anche Rina lo sa, non c'è una via da percorrere a ritroso per ricucire la loro relazione ormai sdrucita.

E ci sono ancora i libri a tenerle compagnia per scacciare l'angoscia dei pomeriggi opachi in quella casa di campagna dove si è trasferita dopo aver sposato l'uomo che l'aveva stuprata.

12.

Ripenso alla mia infanzia difficile. Inquieta, solitaria. Anni in cui ho allenato la pazienza, facendo tacere la nostalgia di mio padre, la paura per il destino di mia madre. È stato quello il tempo in cui mi sono addestrata all'indulgenza.

Non che mi siano mancati del tutto i giorni luminosi e spensierati, ma quei ricordi si sono persi, offuscati dalla distanza che sempre distorce, piega, trasforma le immagini del passato, quando proviamo a raccontarlo.

Difficile non cedere a qualche falsificazione, anzi, qualche menzogna è perfino necessaria per rendere migliore l'immagine nostra e delle persone che amiamo, trasformate nei personaggi della nostra storia.

Anche a me i libri hanno concesso il piacere di un volo senza ali. Anche io mi sono sentita libera grazie a quell'*ebbrezza dell'immaginazione* che mi faceva sconfinare.

Sono sempre stata predisposta a questi sconfinamenti. Quasi allucinazioni. Da un libro a un altro, dalla mia vita ai personaggi, alle loro storie. Rischio di allontanarmi dalla realtà o di entrarvi in collisione. La lettura è l'innesco del meccanismo prodigioso che spinge la mia immaginazione.

«Arrossivo, come arrossivo di certe pose languide che assumevo nella stessa poltrona, quando mi accadeva per un attimo di trasportarmi colla fantasia nei panni d'una bella dama piena di seduzioni.»

A tal punto ci siamo nutrite di libri mia madre e io.

Costanza ritornava ogni giorno a casa con un libro nuovo. Me lo mostrava subito con un'emozione genuina che mi faceva commuovere. Lo trattenevo tra le mani, mi lasciavo incuriosire dal titolo, il nome dell'autore, il numero delle pagine.

La nonna non nascondeva la sua disapprovazione: scuoteva la testa o arricciava il naso come se avvertisse un odore sgradevole. Dal suo punto di vista quei romanzetti, che si leggevano in poche ore – in effetti Costanza era velocissima – erano un'infatuazione futile. Soldi e tempo sprecati. Forse intuiva che all'origine di tutte le ribellioni di sua figlia ci fossero quei libri, le loro storie talvolta scabrose, irriverenti, diverse.

Così sfilavano nell'indifferenza i nomi di Michele Prisco, Domenico Rea, Giuseppe Marotta, Alberto Moravia, Pier Paolo Pasolini. E le scrittrici, tra le sue letture preferite, Fabrizia Ramondino, Elsa Morante, Natalia Ginzburg, Anna Maria Ortese, Oriana Fallaci, Dacia Maraini.

Mangiavamo in fretta il pranzo frugale dei giorni feriali. Un primo piatto e un pezzetto di formaggio. Secondo un codice etico tutto suo, la nonna non ci permetteva nessuno sfarzo o spreco prima del luculliano pranzo domenicale. Unica deroga a una vita sobria e parsimoniosa.

Costanza non lasciava il libro, lo teneva sulle gambe e, tra un boccone e un altro, sfogliava avidamente le pagine con una mano sotto il tavolo. Gli occhi bassi rapiti dalle parole.

La nonna cercava di attirare la sua attenzione con domande frequenti su come fosse andata la mattinata, se avesse incontrato qualcuno, i programmi del pomeriggio, lei a stento alzava la testa dal libro e rispondeva con un sì o un no o brevi frasi disarticolate che la facevano andare su tutte le furie. Spazientita e con gli occhi verso il cielo invocava qualche divinità per la redenzione di quella figlia perduta. Quasi fosse una malattia la sua passione per la lettura.

Io chiedevo di esserne contagiata. Desideravo, come lei, arrendermi totalmente a quella dominazione. Volevo la chiave d'accesso a quel mondo fantastico.

Appena il pranzo era finito, la nonna, ancora indispettita, se ne andava in cucina con passo marziale e metteva sul fuoco la macchinetta del caffè. Il suo aroma decretava il rompere le righe. Eravamo liberi di lasciare la tavola e mamma si sentiva finalmente autorizzata a sparire nel suo studio. Tra centinaia di libri. Disposti negli scaffali. I più pregiati sottochiave nella vetrina di mogano. Gli altri schierati come soldati in una fila ordinata e pronta all'assalto. Tra i titoli, accostati a caso, si componevano mosaici di parole. La policromia delle copertine accendeva di inattesi bagliori l'oscurità della stanza illuminata soltanto da una lampada da scrivania.

Lì dentro, per miracolo, mondi immaginati e desiderati si intrecciavano con la realtà, in un ordito nuovo, e, quando il dolore diventava insopportabile, da quelle pagine arrivava una cura.

Ogni volta che aprivo la porta – raramente mi veniva concesso – si spalancava per me l'accesso a un mondo magico.

Trovavo sempre la mamma seduta con la schiena dritta dietro la grande scrivania di legno scuro di mogano, lucido e al tatto scivoloso, si sforzava sulle pagine con gli occhi miopi e prendeva appunti su grossi quaderni dove componeva la bozza di un nuovo romanzo.

Mi faceva entrare con un sorriso indecifrabile a patto che facessi silenzio. Temevo sempre di dare fastidio, lei mi faceva sentire a disagio, un'intrusa che la distraeva e le faceva perdere le idee. Come diceva facendomi sorridere. Usciva spesso da lì con una luce diversa negli occhi, ogni volta che riusciva a chiudere un progetto, ad annotare l'indice e i capitoli di un libro futuro di cui immaginava il titolo, la copertina, la storia. Per giorni e giorni si sarebbe aggirata tra le stanze con lo sguardo smarrito. Noi eravamo abituati a vederla in quello stato di ebbrezza e paura. Così aveva inizio la lenta e felice gestazione di ogni suo libro. A noi toccava accudirla mentre sorrideva rasserenata. A me piaceva vederla pacificata. Mi sentivo anch'io più serena. La scrittura era il suo salvagente e dalla sua salvezza dipendeva la mia.

Per questo il mio rapporto con la lettura fu precocissimo. Imparai a leggere e a scrivere da autodidatta a quattro anni.

Avevo avuto la fortuna di nascere in una casa con tanti libri. Costanza non mi aveva mai fatto mancare quaderni, fogli, penne e pastelli. Avevo goduto di un'educazione naturale al racconto: non ero mai andata a dormire senza una favola. La mamma e la nonna si alternavano nel ruolo di cantastorie, alimentando la mia immaginazione con racconti che cambiavano continuamente.

Sapevano stimolare la mia fantasia. Ero una bambina molto curiosa: le interrompevo tempestandole di domande e per un certo rigore filologico mi impuntavo ogni volta che trascuravano qualche dettaglio o inventavano un finale diverso.

Costanza però si era sempre opposta a una mia precoce alfabetizzazione. Temeva che saltassi qualche tappa del normale sviluppo psicofisico. Per questo motivo mi aveva iscritta a una scuola materna di indirizzo montessoriano, una delle poche esistenti a Napoli, a quei tempi, in via Monte di Dio, dove l'unica attività d'apprendimento prevista era il gioco.

I ricordi dell'asilo sono abbastanza netti. La scuola mi liberava dalle tensioni domestiche. Mi divertivo molto a simulare le attività degli adulti con giocattoli e ambienti che riproducevano il mondo dei grandi. Avevamo una piccola cucina con piatti, posate e stoviglie. Lettini per il riposo in qualsiasi ora del giorno. Scopa e paletta, perfino il secchio con l'acqua per lavare a terra.

La nostra era una famiglia matriarcale.

Il nonno trascorreva interamente le sue giornate nel suo studio notarile in Salita Trinità Maggiore, perdendosi tra fascicoli, codici, volumi rilegati in pelle con caratteri d'oro, chino sui fogli. Trovava a malapena il tempo di una breve telefonata per chiedere di me. Spesso tardava di sera e la nonna gli lasciava la cena in cucina, un piatto sull'altro coperto da un panno. Lo accoglievano il buio e il silenzio.

Lei si occupava della casa, amministrava le entrate, investendole in parte nell'acquisto di immobili, trattava con geometri e ragionieri con piglio deciso. Non si rimangiava mai una decisone presa, era autoritaria e autorevole. Per il resto si concedeva raramente qualche svago. Qualche passeggiata, l'appuntamento con il sarto, il teatro.

Nella mia testa però il desiderio di leggere non si era spento, anzi il divieto materno lo aveva accresciuto. Ero testarda e determinata. Non sopportavo una proibizione soprattutto di mia madre.

Così un giorno decisi che il momento era arrivato. Nella casa c'era il silenzio fitto dei pomeriggi in cui non volevo dormire.

"Almeno un quarto d'ora" mi supplicava Costanza. "Se non vuoi riposarti, puoi giocare sdraiata sul tuo lettino senza fare rumore."

Avevo il sospetto che non lo dicesse per me, ma per starsene un po' tranquilla a riposare con la nonna.

È faticosa l'infanzia di una figlia unica, una bambina che impara presto a divertirsi da sola o si intristisce con i fantasmi feroci delle sue fantasie. Quanti vuoti in quei pomeriggi senza sole: mi fa ancora paura guardarci dentro.

È un ricordo confuso la fatica della penna sul foglio, le sagome incerte delle parole, una dietro l'altra, a mano a mano procedevo più spedita e mi stupivo di vedere affiorare le tracce di segni che componevano un pensiero. Dovevo lasciare che le parole mi risuonassero dentro, potevo sentirle, erano musica.

Iniziai a copiare la favola della volpe e il corvo, la preferita tra quelle che mi raccontava la nonna: lentamente aveva preso corpo, assumendo una fisionomia ordinata e precisa.

Corsi da loro. Il mio entusiasmo si raffreddò sulla soglia della camera dei nonni appena le scorsi dormire nel grande letto di ottone nella luce pomeridiana che si irradiava attraverso i vetri del balcone, riflettendosi sulle superfici lucide dei mobili in stile roccocò e la porcellana delle statuine di Capodimonte in bella mostra sulla cassettiera tra spazzole, pettini, uno specchio d'argento.

"Ho imparato a scrivere" dissi con voce squillante, orgogliosa della mia impresa.

Sui loro volti vidi incredulità e imbarazzo. Allora allungai il quaderno.

Mamma sfogliò le pagine rasserenata dagli scarabocchi che avevo tratteggiato, poi arrivò al foglio sul quale avevo ricopiato la favola.

"Mammi'," disse alla nonna sorpresa "ma è vero: Emma ha imparato a scrivere."

Fu quella la mia prima disubbidienza di cui vado ancora fiera, come di tutte le ribellioni a Costanza, alla sua ossessione per la scrittura, alla vita difficile cui mi aveva condannata.

Iniziava così la mia avventura con i libri, la mia vita cambiava, si spalancava la porta delle mie fantasie, delle storie lontane da me, dell'immedesimazione in personaggi diversi. Iniziavano i viaggi e le avventure. L'esplorazione dell'ignoto.

La paura, le risate, la compassione. Ecco dove mi aveva condotto la mia guerra d'indipendenza. Era forse questa la mia dichiarazione d'amore per mia madre.

13.

Walter nasce il 3 aprile del 1895 «alla luce incerta di un'alba piovosa».

Rina si apre all'amore per suo figlio, gratuito, puro, miracoloso che porta un'ebbrezza nuova nella sua vita.

La nascita di Walter allenta per un po' le tensioni coniugali che si diluiscono nella nuova routine quotidiana scandita dai tempi e dalle esigenze del lattante. Ma questa felicità così insospettabile viene subito messa alla prova quando Ulderico, manifestando la sua sfiducia nella moglie, decide, contro la volontà di quest'ultima, di affiancarle una balia.

Rina vacilla subito, le insinuazioni di Ulderico innescano in lei il dubbio di non essere in grado di accudire il suo bambino.

«In me la madre non si integrava nella donna: e le gioie e le pene purissime in essenza che mi venivano da quella cosa palpitante e rosea, contrastavano con un'instabilità, un'alterazione di languori e di esaltamenti, di desideri e di sconforti, di cui non conoscevo l'origine e che mi facevano giudicare da me stessa un essere squilibrato e incompleto.»

La donna entra in conflitto con la madre. Sibilla si sente a un bivio. Nonostante la gioia della maternità, si riconosce vocata a una vita diversa in cui la scrittura e la lettura devono adesso però conquistarsi uno spazio.

Il dialogo con Ulderico è impossibile, chiedere la sua assoluzione per le sue scelte controcorrente sarebbe inutile. Non serve a nulla mettere da parte libri, giornali, quaderni.

È sempre più smarrita, soffre, cerca appigli per non precipitare nella voragine dello sconforto ma resiste perché ora ha un motivo per credere che la vita matrimoniale possa diventare sopportabile. C'è Walter nelle sue giornate e non è poco per continuare a sperare.

Nei mesi e negli anni successivi, non potendo esercitare nessuna coercizione sulla sua volontà e sul suo spirito, lei stessa dovrà ricredersi di quella fiducia cui si era affidata con cieca convinzione.

L'amore per Walter non potrà colmare tutti i vuoti, non potrà addolcire la solitudine.

Ulderico si tiene distante dal suo mondo interiore, continua a ostacolarla, la vuole sottomessa.

In modo inconsapevole Rina cerca nuove strade, nuove amicizie, forse un nuovo amore. Succede così che ceda al corteggiamento di un *forestiero* – come lo chiamano tutti a Civitanova perché aveva vissuto all'estero per qualche anno –, un uomo sposato e padre di un bambino della stessa età di Walter, che si insinua nella sua vita con una forza seduttiva pericolosa.

Una sera in cui Rina, arrendendosi alla passione, lo invita a casa sua, dopo le lusinghe di un corteggiamento romantico, il forestiero la spinge brutalmente contro una porta e premendole una mano sulla bocca per impedirle di urlare, la violenta. Si rinnova l'orrore del primo stupro. L'umiliazione è addirittura maggiore, la vergogna più grande, il senso di colpa ingestibile.

Rina è disperata. Come sua madre desidera la morte. La forza straordinaria, che fin qui l'ha sostenuta, è sconfitta dal desiderio di mettere fine alle sue sofferenze una volta per tutte.

Nel paese si sono diffuse pesanti dicerie sul suo conto: sono tutti convinti che lei abbia una relazione con quest'uomo. Quando i pettegolezzi arrivano alle orecchie di Ulderico, la sua reazione è violenta. Corre a casa, gonfio d'ira. Spalanca con violenza la porta, la trascina sul pavimento colpendola con calci e schiaffi.

"Sei una prostituta. Indegna di essere madre" le urla accanendosi ancora sul corpo.

È l'ultima prova. Sibilla si avvelena con il laudano aiutata dal marito che si preoccupa soltanto di difendere il suo onore.

Il cerchio si è chiuso: il destino di Sibilla si riannoda fatalmente a quello di sua madre come lei aveva sempre temuto.

È un destino comune a molte donne. Un'unica storia di violenze, tradimenti, offese, ricatti, desiderio di morte.

Lei ha uno strumento potente per raccontarla. Scriverà di sé per raccontare di tutte le altre, quando finalmente sarà lontana dal suo carnefice.

Finalmente libera, ma a quale prezzo!

«È vero che in quegli anni, specialmente dopo l'intermezzo tragico del tentativo di ribellione e del tentativo di suicidio, si andò in me formando una coscienza più fonda, una interiorità più vasta e più lucida, quella specie di intermittente veggenza che ha dato poi valore d'assoluto a tutti i miei atti, anche a quelli che parvero incomprensibili e biasimevoli.»

Quando aveva abusato di lei, Ulderico non si era preoccupato di infangare il nome di Rina né della sua illibatezza.

Nei giorni successivi allo scandalo con il forestiero, invece, non aveva fatto altro che interrogarsi sul proprio onore agli occhi della gente del paese.

Pretese e riuscì a ottenere – perché era nell'interesse di tutti salvare il matrimonio – una dichiarazione scritta che lavasse ogni colpa della sua sposa e le restituisse integra la sua rispettabilità.

«Dopo varie trattative, l'avvocato finì per rilasciare ai padrini di mio marito una dichiarazione ampollosa e ritorta, in cui io ero qualificata *rispettabilissima.*»

Umiliata ma non ancora sconfitta, Sibilla ricomincia a leggere. Esce rinvigorita dalla lettura di un libro di un giovane sociologo, ricevuto in dono dal padre, non tanto per il suo contenuto ma per l'atto del leggere in sé rivoluzionario e liberatorio.

È ancora molto fragile emotivamente e avverte il rischio di essere risucchiata dal buio della depressione. Avviene però un fatto assai curioso: sarà proprio il suo carnefice a suggerirle il modo di tornare a vivere. Ulderico, infatti, forse perché ancora preso dall'ossessione per il suo onore, le chiede di scrivere la *storia del suo errore* e le regala un grosso fascicolo di carta bianca. La scrittura di Rina fluisce libera sui fogli in un pomeriggio in cui lei prende atto del suo talento.

Non poteva immaginare Ulderico che, grazie alla scrittura, Rina avrebbe conquistato lo spessore spirituale che l'avrebbe liberata una volta per tutte dal carcere matrimoniale.

La particolare attitudine a comprendere il mondo e a sentire la vita degli altri, interpretandone i movimenti e le ragioni, si era manifestata in lei fin da bambina. Il matrimonio aveva messo un argine a quell'afflato che aveva bisogno di altri spazi per crescere.

Può bastarle un mondo di carta e di parole per evadere. Per sottrarre la sua vita interiore sempre più consapevole e robusta alla sorveglianza del marito.

Rina ha una mente lucida e aperta. Incomincia a interessarsi alla questione sociale che, sulla scorta della sua esperienza personale, considera intimamente connessa alla questione femminile. Elabora un netto rifiuto nei confronti di un modello patriarcale che ha voluto per secoli le donne assoggettate agli uomini.

Pubblica su un giornale il suo primo racconto, intercettato dal movimento femminista con il quale entra subito in contatto per un vivace confronto di idee. Amplia le sue letture alimentando il suo spirito libero e ribelle.

«M'accorsi che il mio senso critico, dopo la lunga paralisi, s'era come allargato e intensificato.»

Così a poco a poco risorge.

Recupera i suoi libri, vi si immerge fiduciosa, comincia a farsi conoscere nell'ambiente giornalistico e, dopo circa un anno, inizia a scrivere sulla «Gazzetta Letteraria» e «L'Indipendente» di Trieste. Collabora con la «Vita Moderna», testata di chiaro orientamento femminista, e «La Vita Internazionale», quindicinale politico-culturale.

Tutte queste attività, a cui si dedica con grande fervore, fanno luce nella sua solitudine, mentre la vita familiare resta dominata da un'inerzia, sempre più grigia, che la vorrebbe paralizzata.

Questa evoluzione interiore le rende però sempre più

intollerabile la meschinità e l'ipocrisia dell'ambiente paesano.

Da tale nuova inquietudine e dalla partecipazione ai problemi dell'Italia del tempo deriva anche l'incapacità di realizzare quel proposito di mitezza che aveva pianificato nei confronti del marito.

Sibilla, infatti, non riesce più a nascondergli la sua insoddisfazione nei confronti di una vita familiare sempre più asfittica. Spera ancora, forse, in un suo cambiamento, ma Ulderico è totalmente incapace di comprendere le velleità di una donna che non sa stare al suo posto.

La prima reazione dell'uomo è ancora una volta violenta. Tenta di intimorirla con qualche schiaffo cui Rina si oppone per la prima volta. Di fronte a questa sconfitta, prova a blandirla con un falso pentimento. La sua condotta in ogni caso non è mai credibile. Agisce d'impulso, fa leva sulla paura e la compassione per timore di perderla. Non vuole mandare in frantumi il matrimonio. Ormai c'è un figlio a cui dare certezze e serenità.

Ma Sibilla, lo sente, è diventata più forte.

«Io stessa non sapevo che cosa m'era necessario in quel punto. Sentivo solo giganteggiare la mia solitudine, il mio isolamento morale.»

14.

A mano a mano che la mia infanzia si allontana, ne ho una visione più nitida. La nebbia si dirada.

Da qualche recesso della mia coscienza riemergono i ricordi.

Avevo iniziato a scrivere un diario, una sorta di autobiografia.

«Niente letteratura, e niente arte, o pochissima arte. Ma un flusso interminabile di vita. E di volontà di resistenza, continua, continua...»

Volevo soltanto fissare i miei ricordi, non certo diventare una scrittrice.

Costanza intanto faceva fatica con il nuovo romanzo. Era tormentata dall'idea di non avere abbastanza fantasia per concepire il disegno di una storia in cui tutto fosse inventato: la vicenda, i personaggi, l'inizio e la fine. Avrebbe voluto scrivere un incipit straordinario, un gioco di parole travolgente e un lieto fine che mettesse in pace il cuore dei lettori.

Si era invece ritrovata a maneggiare la sua vita e, inoltrandosi nel labirinto di ricordi opachi, sentiva di aver fallito.

Mi vergognavo della mia smodata passione per la lettura. Soprattutto non riuscivo ad accettare il fatto che mia madre mi aveva inculcato una profonda sfiducia e la paura di vivere. La mia infanzia era un groviglio da sciogliere. Se ne stava conficcata nella mia coscienza, paralizzandomi.

Mi feriva soprattutto il ricordo del giorno in cui, tornando da scuola, l'avevo trovata a letto, il nonno e la nonna seduti ai suoi piedi, mentre la zia, nel soggiorno, si asciugava le lacrime con un elegante fazzoletto di mussola bianca quasi trasparente.

Lei giaceva pallida con gli occhi semichiusi. Feci capolino nella stanza con un saltello, pronta a darle e a ricevere un bacio ma mi allontanò con le braccia. Il suo sguardo gelido mi trafisse. Sembrava quasi stentasse a riconoscermi e la mia gioia, per aver conquistato la fascia tricolore, si spense. Ero stata premiata per una composizione sulla primavera in cui avevo descritto colori, profumi, suoni e speranze che la nuova stagione aveva suscitato in me.

La maestra si era detta sorpresa dalla qualità della scrittura, era certa di aver scoperto un talento. Mi ero vergognata tantissimo quando aveva voluto portarmi in tutte le classi della scuola perché leggessi il mio capolavoro. Sapevo che si sbagliava, non sarei mai diventata una scrittrice. Immaginavo un amore, un marito, dei figli. Una casa sul mare dove arriva incessante il rumore delle onde. Una nenia perpetua la sua voce roca di sale. L'avevo ascoltata tante volte a Posillipo a casa di Elena, una compagna di classe che per un'infatuazione momentanea avevo creduto potesse diventare la mia amica del cuore.

Non potevo immaginare cosa stesse avvenendo a Costanza in quello stesso momento. Il destino talvolta sa essere feroce.

Era svenuta e per dieci lunghissimi minuti, nessun tentativo di farla rinvenire era andato a buon fine. Era stata chiamata un'ambulanza, poi per fortuna si era risvegliata prima di essere trasportata in ospedale. Il dottore di famiglia non aveva trovato la causa, la pressione e il battito cardiaco erano nella norma, poteva trattarsi di una manifestazione neurologica, conseguente allo stress. Non mi sono mai più liberata dal senso di colpa, ma non le perdono la sua ostilità nei miei confronti di quel giorno.

Una madre e una figlia non dovrebbero mai diventare antagoniste.

L'olezzo di alcol e farmaci che si respirava nella stanza mi nauseava. La nonna aveva chiesto alla domestica di spalancare il balcone. Costanza farneticava. Alternava parole sconnesse a respiri faticosi. Sembrava tutto finto come una scena teatrale mal riuscita. Mi sentivo estranea a quella rappresentazione fittizia del dolore che non suscitava in me né affetto né pietà.

Pareva quasi che mia madre si divertisse a tiranneggiarmi esponendomi alla sua sofferenza, come se dovessi pagare io la sua infelicità o in qualche modo dovessi fare ammenda per aver reclamato un po' di spensieratezza. La mia voglia di vivere e la fame di futuro erano in aperto conflitto con la sua disperazione.

Durante quella malattia e nei giorni della convalescenza mia madre mi odiò e io odiai lei. Sarebbe comodo fingere che tra noi ci furono sentimenti d'affetto e di appartenenza. E nessuna di noi ebbe voglia di simulare quell'amore che naturalmente dovrebbe legare una madre a una figlia e una figlia alla propria madre. Nulla tra noi fu naturale. Tra noi ci furono rabbia, invidia, rancore, esibiti mai celati. Era chiaro che lei volesse censurare la mia spensieratezza. Mi chiamava al suo letto per mostrarmi la sua malattia. Diceva che dovevo abituarmi all'idea che stava morendo e che nessuno si sarebbe preso cura di me.

Mi spaventava, poi si pentiva e chiedeva di essere abbracciata, mi baciava il viso con violenza, mi accarezzava i capelli tirandoli, mi chiedeva perdono mentre tentavo di sottrarmi. Così ci sfinivamo. Ci facevamo del male per sentirci meglio ma stavamo peggio.

Dovetti elaborare una strategia per sottrarmi a quello stillicidio. Iniziai a nascondermi e, per un mese, fino a quando non si mise in piedi, non entrai più nella sua stanza offrendole un ulteriore motivo per disprezzarmi. Lei però, durante tutto quel mese lunghissimo, non chiese più di me.

Forse sentiva pure lei il bisogno di dimenticarmi. Così per lungo tempo ci siamo dilaniate, prendendoci a morsi con gli occhi.

Quando finalmente iniziò a stare bene, dimenticò o finse di dimenticare tutto e le cose tra noi tornarono come un tempo. Anche se io non ho mai dimenticato e quel ricordo mi ha logorata chiedendo alla mia mente uno sforzo immane per difendersi.

Qualcuno ha scritto che il dolore può essere utile. Mi chiedo quanta sofferenza bisogna ingoiare per scrivere una storia che aiuti chi soffre.

Sibilla ce l'ha sempre fatta. Lei ha usato la scrittura per rammendare gli strappi della sua vita. E ci è riuscita. Per lei, per molte altre donne. Per Costanza e anche per me.

15.

A me è toccato lo stigma della figlia abbandonata. Qualcuno avrebbe potuto malignare che fossi stata rifiutata da mio padre perché illegittima o, come si diceva in quegli anni, bastarda.

Mio padre non mi aveva donato un'infanzia *libera e gagliarda*. Se ne era andato. Era sparito. Chiunque avrebbe potuto pensare che non fosse mai esistito.

Non sono riuscita a odiarlo, come avrei dovuto se i nostri pensieri fossero tondi, se a una causa seguisse sempre un effetto. Ma siamo esseri sfaccettati, fasci di luce e ombre insieme.

No, non ho odiato mio padre, anzi l'ho amato più di quanto amassi mia madre, anche se, lo riconosco, ero ingiusta perché lei mi dedicava tutti i suoi giorni, ogni giorno, mentre lui aveva scelto di allontanarsi in silenzio dalle mie paure, dai miei giochi, dalle mie giornate, dalla mia vita.

Lo spazio vuoto che aveva lasciato la sua assenza io l'avevo riempito grazie all'immaginazione. Mi avevano aiutato molto le letture. Con la fantasia gli avevo attribuito una dimensione eroica che, per quanto fosse irreale, mi appagava pienamente.

Mia madre era vera e imperfetta come le cose vere. Mio padre finto e perfetto come le cose immaginate.

A lei non avrei saputo spiegarlo, quindi fingevo di odiarlo perché si sentisse gratificata, mentre non facevo altro che pensare continuamente a lui, amandolo con tutta me stessa.

Non ho mai smesso di aspettarlo. Nei pomeriggi di ritorno da scuola mi sembrava talvolta di riconoscerlo tra i passanti. Nel tinello della casa dei nonni, seduta al tavolo di opale rosa di fronte alla grande specchiera, guardavo la pendola sulla parete continuamente, ascoltavo il ritmo perfetto dei suoi rintocchi, sperando che scandisse il momento in cui lui si sarebbe fatto vivo all'improvviso per farmi una sorpresa. Ma il tempo scorreva, le ore del pomeriggio scivolavano presto nel buio della sera. L'ennesima senza di lui. Mi veniva da piangere. Restavo delusa, immobile per qualche istante fino a quando la mia mente non concepiva una strategia per rimediare a quella sofferenza.

Ecco che all'improvviso mi sentivo meglio. Si era accesa un'idea: gli avrei scritto una lettera. Sapevo che non avrei mai trovato il coraggio di spedirgliela. A quale indirizzo poi? Ma mi bastava farlo per sentirmi appagata. Stendevo un foglio sul tavolo rosa, lo decoravo lungo i bordi con una cornice colorata, e poi con la mia bic blu incominciavo. Gli raccontavo le mie giornate, gli parlavo dei miei desideri. Riuscivo a dirgli quanto desideravo averlo accanto e come era insopportabile la perenne nostalgia di lui. La mia mano volava su quella pagina segreta dove ero libera di essere felice senza preoccuparmi dell'infelicità di mia madre.

Costanza, intanto, ignara delle mie fantasie, lavorava al suo romanzo. Io la ricordo sempre così: intenta a scrivere con una biro tra i capelli, la vestaglietta di jersey a rombi colorati, la caraffa d'acqua, le matite, i fogli con gli appunti, lo Zingarelli. Le occorreva una grande concentrazione, non sempre era facile, talvolta le parole non arrivavano, altre volte l'ingranaggio narrativo sembrava incepparsi, da qualche parte c'era un errore da correggere. Ogni volta che chiudeva un capitolo beveva un sorso d'acqua e sorrideva. Capivo quando iniziava a delineare una trama dal modo frenetico in cui batteva con le dita sottili sui tasti. Sembrava inseguisse il ritmo di una melodia. Usava la tastiera come un pianoforte con le sue mani agili e sciolte. L'invenzione è spesso un miracolo come il talento, non potresti spiegarlo. Quando si accorgeva che io stavo lì e la guardavo, si fermava.

"Ascolta questo passaggio," mi diceva "dimmi se può funzionare così."

Non so esprimere quanto fossi orgogliosa in quei momenti.

"Allora? Che te ne pare?" mi incalzava scrutando i miei occhi.

"Mi piace" le rispondevo entusiasta. "Il tuo romanzo va alla grande."

"Lo potremo dire solo alla fine" mi interrompeva, forse per scaramanzia. "Sono appena all'inizio e non so se questa storia terrà. Devo ancora lavorarci molto."

Poi sorrideva.

"Terrà, terrà. Sono sicura" le ribadivo per darle coraggio.

"Vieni qui e dammi un bacio" mi diceva, tirandomi a sé per abbracciarmi.

Tra noi c'era sempre un conto in sospeso. Non sapevo chi di noi due l'avesse aperto. Mi assolvevo, ma vivevo i miei giorni con un perenne senso di colpa. Vietato sorridere. Come nei giorni della sua malattia. Vietato vivere.

Con lui, con il fantasma di mio padre, che lei avrebbe saputo trasformare in un riuscito personaggio dei suoi romanzi, se lo avesse voluto, potevo esprimermi liberamente in quelle lettere che erano il nostro spazio fantastico, l'unico in cui ci fosse concesso di vivere insieme.

Di sera le mettevo sotto il cuscino per non interrompere il nostro dialogo, chiudevo gli occhi con la speranza di sognarlo e spesso ero accontentata. Di giorno, le portavo a scuola, nascoste nella cartella tra i libri e i quaderni. Così mio padre stava sempre con me e io riuscivo a sopportare la sua lontananza.

Un giorno però tutta questa costruzione fittizia della mia mente crollò. Le mie convinzioni furono messe a dura prova dalla verità che origliai, senza volerlo, dietro la solita porta che separava la mia infanzia dalla vita degli adulti di casa.

Avrei preferito non sapere. Mio padre si era allontanato da me per un accordo con Costanza e i nonni. Era stato deciso al posto mio.

Non avrei potuto mai più perdonarli. Avrei dovuto odiarli. Non era successo. Avevo una straordinaria capacità di comprendere le ragioni degli altri senza provare rabbia o rancore. L'indulgenza era il mio salvagente. Mi salvò anche quella volta, ma la situazione si era complicata perché mio padre ci aveva ripensato ed era deciso a far saltare il loro patto.

"Adesso si è ricordato della patria potestà" commentò la nonna con voce tagliente.

Mamma era molto turbata e le aveva fatto un cenno. Era il segnale di quando si preparava una tempesta, "ma la bambina non deve sapere", a cui la nonna rispose con una smorfia sghemba del viso. Corse subito ad apparecchiare la tavola e mi servì un abbondante piatto di maccheroni al sugo. Decisamente troppo abbondante per il mio scarso appetito. Poi si dileguarono insieme nella stanza delle confidenze a me proibite.

Non appena sentii girare la chiave nella toppa, mi mossi in punta di piedi, attenta a non fare rumore. Mamma piangeva.

"Giovanni ha architettato uno squallido ricatto. Mi toglierà la bambina appellandosi alla mia incapacità di intendere e di volere."

La nonna tentava di rassicurarla.

"Non ti devi preoccupare: la bambina resta qui. Ci rivolgeremo al migliore avvocato di Napoli. Gliela facciamo vedere noi l'incapacità di intendere e di volere."

La sofferenza di mia madre mi indeboliva. Mi sentivo sconfitta, incapace di aiutarla. Sapevo che lei non era pazza, era soltanto molto triste. Ma adesso rischiava di perdermi per quella bugia inventata per ottenere l'annullamento del matrimonio.

La rivendicazione di mio padre, per quanto fosse dettata dalla volontà di tormentare Costanza, mi inorgoglì. Iniziai a sperare che lui mi amasse ancora se aveva chiesto di occuparsi di me.

Dovevo prepararmi: scavai nel cesto dei giocattoli, trovai la valigetta rossa del dottore con la siringa, le fiale di plastica, lo stetoscopio, la svuotai e la riempii dei miei effetti personali. Volevo essere pronta. Per mesi la tenni nascosta sotto il letto. Non volevo dare un dispiacere a Costanza, ma accarezzavo con gusto l'idea di andare a vivere da mio padre per un po'. Provavo una strana eccitazione al solo pensiero di quella possibile convivenza. Fantasticavo sul giorno in cui lui sarebbe venuto a prendermi, avrei indossato per lui il cappottino blu, avrei portato con me la borsetta e la mia piccola valigia rossa. Immaginavo le nostre mani intrecciate e i passi veloci verso la sua casa che non avevo mai visitato. Eravamo un padre e una figlia felici come non lo eravamo mai stati. Era questo, dunque, il mio desiderio, anche se arretravo subito di fronte alle lacrime di mia madre, il silenzio cupo dei nonni.

Lo scontro tra Costanza e mio padre andò avanti per mesi. L'avvocato ingaggiato dai nonni non poté evitare che il giudice pronunciasse una sentenza salomonica. Per preservare il mio equilibrio decise di sottrarmi alle due parti contendenti e affidarmi a un ambiente più sereno. Sicuramente neutrale. La valigetta del dottore ritornò tra i giocattoli, restituita alla sua vera funzione. Ormai non mi sarebbe servita più a niente. Trascorsi i giorni che seguirono in uno stato di grande malessere nell'attesa del mio internamento nel Collegio della Madre di Dio. Nessuno poté evitarlo. Nessuno seppe proteggermi.

Privare una madre del proprio figlio è il modo più crudele per ferire una donna. Ero lo strumento con cui mio padre aveva deciso di punire Costanza. Ma diventavo anche la vittima. Mi sentivo disorientata, non riuscivo a capire le dinamiche che agitavano le forze in campo.

"Vedrai che il collegio ti piacerà," mi rincuorava Costanza "in fondo qui sei sempre sola, lì troverai tante bambine con cui giocare dalla mattina alla sera."

"Io qui sto benissimo. Voglio stare con te e i nonni."

Ero inconsolabile.

"Devi restarci solo cinque giorni, sabato sarai di nuovo a casa" mi diceva accarezzandomi piano il viso mentre mi allontanavo furiosa.

"Ma poi dovrò tornarci."

"Solo per poco tempo" mi assicurava lei. "Vedrai che papà si calma e si aggiusta tutto."

"Io non ti credo e non credo nemmeno a lui."

Le urlai e andai via piangendo. In quei giorni piansi spesso. Ero così disperata all'idea di dover andare in collegio che a un certo punto desiderai che quel momento arrivasse il prima possibile.

Fino alla fine sperammo che mio padre ci ripensasse, ma allo scadere della settimana ci fu chiaro che lui era determinato ad andare fino in fondo.

Alla lista dei miei dispiaceri si aggiungeva la consapevolezza di quanto contassero poco per lui i miei sentimenti. Era accecato dal desiderio di vendicarsi di mia madre. Forse lei si era spinta troppo nelle sue provocazioni. Dubitavo di lei, tentavo forse ancora di giustificarlo. Eppure ci fu, in quei giorni così tristi, un momento di gioia quando andammo a comprare il corredo per la mia reclusione.

"Puoi scegliere tutto ciò che vuoi" mi disse mia madre con un forzato entusiasmo.

La sua inconsueta generosità mi sembrò nascondesse un inganno. Corredo però era una parola nuova che associavo a idee positive. Mi feci coraggio ancora una volta. Attraversammo la città tenendoci per mano, ci concedemmo una passeggiata spensierata. C'era però un sentimento contrastante a tutta quella gioia falsamente esibita che, serpeggiando dentro di me, mi tormentava. A nulla servivano i sorrisi, le risate, i baci rumorosi che Costanza appiccicava sulle mie guance. Sentivo dentro una grande malinconia al pensiero che avrei indossato lontano da lei il pigiamino rosa appena acquistato. Immaginavo il freddo e la paura nella camerata del Collegio della Madre di Dio dove mi attendevano un lettino, un banchetto e un piccolo armadio. Mancavano ormai pochi giorni.

L'ultima domenica fu lentissima. La trascorsi tra stati emotivi diversi, andavo su e giù, oscillavo tra speranza e disperazione. Non c'era una via di mezzo: toccavo il cielo e sprofondavo in una voragine.

In tv davano *Pinocchio*: la vicenda del povero Geppetto alle prese con il burattino mi commosse fino alle lacrime. Erano un padre e un figlio precipitati in una storia distonica. Costretti a separarsi e a rincorrersi. Si faceva sempre più buio alla finestra. L'angoscia mi aggrediva. Non mi avrebbe dato tregua per tutta la notte.

Toccò al nonno accompagnarmi l'indomani. Mamma non ce la fece a salutarmi. Restò in camera a piangere, i suoi singhiozzi mi spinsero a fuggire da lei, dal suo ultimo abbraccio.

Toccò al nonno darmi la mano lungo l'immenso scalone di piperno da cui si accedeva alla porta del convento. A lui toccò lasciarmi quando le suore vennero a prendermi.

16.

Arriva ancora un nuovo strappo nella vita di Rina quando Ulderico viene licenziato dalla fabbrica da Ambrogio che, noncurante delle conseguenze, vuole liberarsi di lui e fargliela pagare una volta per tutte. Non è certo in difesa di sua figlia, ma per quell'antico attrito che li aveva sempre messi l'uno contro l'altro. Uno scontro a colpi bassi in cui Rina e i suoi sentimenti hanno un ruolo marginale.

Ulderico torna a casa furioso, sbatte la porta e senza guardarla le dice che partiranno. A Rina non resta che ubbidire, ha promesso a sé stessa di mitigare il conflitto con il marito, si è imposta una certa mitezza nell'affrontarlo. Si limita ad annuire mansueta con un sorriso forzato che vale però a rassicurarlo.

In poche settimane organizzano il trasferimento. Valigie, casse, bauli: per lei è un viaggio a ritroso, da sud a nord questa volta. Rina pensa al cielo grigio di Milano e al suo sole sempre opaco e le si stringe il cuore.

Ma Milano diventa un'opportunità. Nel capoluogo lombardo è ben accolta negli ambienti intellettuali, dove si fa spazio per la sua arguzia e vivacità d'ingegno. È chiamata a dirigere «L'Italia Femminile» e, con lo pseudonimo di Favilla, cura la rubrica *In salotto*, attraverso la quale dà voce a problemi politico-culturali. Entra in contatto con Ada Negri, Treves, Turati, conosce i poeti Giovanni Cena e Felice Damiani.

Il rientro a Porto Civitanova è drammatico, ancora una volta Ulderico ha deciso da solo. Durante il soggiorno milanese Rina si è affermata e si è sentita libera grazie alla scrittura e ai suoi interventi su riviste e periodici. Ora, nell'ambiente paesano arretrato e chiuso a ogni cambiamento, si sente nuovamente aggiogata al vincolo matrimoniale. Un vincolo che si regge su un ricatto. Liberarsi è impossibile finché suo figlio è lì che attende una carezza. Lei guarda il suo bambino e promette, giura che ce la farà a restare. Resisterà per lui. È una lotta estenuante, il dissidio interiore, che la agita, le procura tremori e batticuore, prende corpo di nuovo il fantasma della follia.

Ulderico sbaglia tutto: profitta della sua debolezza ora che la vede più fragile, esagera. Vorrebbe manipolarla come si fa con un burattino, tenendo in mano i fili del suo cuore. Tenta di blandirla con parole d'amore ma la domina con la continua minaccia di portarle via Walter.

Rina si violenta, tiene a bada la sua fierezza, tace quando vorrebbe parlare, nasconde i suoi libri, scrive solo quando lui non è in casa, si finge sottomessa, accondiscendente, ma non rinuncia a coltivare i suoi interessi. Si occupa di problemi sociali che affliggono Porto Civitanova, quali la disoccupazione e l'analfabetismo. Indaga le cause della sperequazione sociale che divide il mondo operaio dagli imprenditori, gli uomini dalle donne.

Nella penombra della stanza coniugale, immersa nel silenzio, Rina avverte il peso di una solitudine diventata ormai insopportabile. Sta per piangere ma, d'un tratto, la voce sottile di suo figlio, che la chiama, la fa trasalire. È un richiamo ancestrale, irresistibile. Chiude gli occhi, stringe i pugni, promette, ancora una volta, di sopportare tutto per amore di lui.

Teme che una sua ribellione, una parola sbagliata, un gesto fuori posto possa scatenare la reazione di Ulderico. Ha imparato a non fidarsi di lui. Sa cosa potrebbe succederle: sua madre è stata rinchiusa in manicomio, separata per sempre dai suoi figli. Ulderico la costringerebbe a lasciare Walter. Il solo pensiero le procura una vertigine.

Si solleva dal letto e va ad abbracciarlo, come se fosse l'ultima volta. Gli passa una mano tra i boccoli profumati di miele, come se fosse l'ultima volta. Giura a lui, giura a sé stessa che ce la farà, resisterà in nome del loro amore. Il bambino la guarda, non capisce perché la sua mamma lo stringa così forte con quelle braccia poco possenti e le mani troppo piccole, si svincola per liberarsi, poi le dà un bacio, pentito per essersi sottratto, e lei piange.

Ulderico ha voluto sfidarla, inconsapevole e arrogante, quando le ha regalato il fascicolo di fogli bianchi, chiedendole di scrivere la sua storia. Forse non la credeva capace, certamente non poteva immaginare cosa sarebbe venuto fuori da quel tentativo di emendare il suo errore. Tale lo aveva considerato: un modo per fare ammenda, per discolparsi di fronte alla pubblica accusa e salvaguardare l'onore del marito. Ha involontariamente alimentato il suo bisogno di scrivere. Appena si è messa sui fogli lei ha sentito l'impulso straordinario di lasciar fluire la sua vita sulla pagina senza infingimenti. Senza alcuna paura di raccontare tutto.

Ha qualche difficoltà nel cominciare, un'incertezza che si perdona a un'esordiente, poi scriverà un incipit potente.

Intanto l'amicizia con Felice Damiani si va trasformando. Il loro è un sodalizio poetico e intellettuale. Felice le dà la forza di credere in sé stessa e nella sua liberazione. È lui l'artefice della sua ribellione.

Nel febbraio del 1902 Rina lascia Ulderico. È un passo doloroso, difficile ma ormai necessario.

«Dissi in quel tempo che soltanto ad un interiore comando avevo ubbidito lasciando la casa dov'ero moglie e madre. Come si va ad un martirio. Ed era vero. Dissi che nessuno m'incitava all'atto terribile e che non per amore d'un altr'uomo m'esponevo così a perdere per sempre la mia creatura: anche ciò era vero. Ma una cosa fu taciuta, allora e più tardi nel mio libro. Non era per amore d'un altr'uomo ch'io mi liberavo: ma io amavo un altr'uomo.»

Se ne va di notte. Ulderico le vieta perfino di salutare suo figlio. Riesce appena ad affacciarsi nella stanza dove lui dorme. Si domanda cosa avverrà l'indomani quando al risveglio lei sarà lontana. Cosa gli diranno per cancellarla dalla sua vita. Se piangerà, se chiederà della sua mamma. Chi si occuperà di lui da domani. Incrocia per un attimo gli occhi di Ulderico. Vorrebbe supplicarlo di non farle questo. Di permetterle di portare Walter con lei. Ma lui la strattona, le mette il bagaglio tra le mani e la spinge verso la porta. Si congedano in fretta. Senza dirsi nulla.

«Perché ti hanno tolto a me? Eri mio, eri insieme con l'anima mia la sola cosa viva di quella mia tetra giovinezza; t'avevo cresciuto come crescevo me stessa, non per quei giorni ma per altri che dovevan venire... Figlio, e ho potuto portare fuori dell'incubo l'anima mia e non te, non te! Non hanno voluto, per quanto ti chiedessi urlando... Sei rimasto lontano. Lontano. Rimasto per sempre il bimbo che aveva già quasi sette anni.»

Non ha mantenuto la sua promessa, non ce l'ha fatta ma – ne è convinta – tornerà a riprendersi il suo bambino. Deve crederci per non impazzire.

17.

Ogni tanto Costanza partiva. Succedeva senza preavviso: compariva con la valigia pronta al solito annuncio. Lei non era consapevole di minare la mia infanzia o forse non se ne preoccupava. Ogni volta temevo che non l'avrei più rivista.

Se ne andava dicendo che aveva bisogno di vivere da sola. Lontana da noi. Le toglievamo l'aria. In quei giorni smettevo di mangiare, diventavo di vetro.

Mi sedevo sulle sue gambe, le accarezzavo il viso e i capelli morbidi, tentavo di trattenerla. La supplicavo di portarmi con lei ovunque andasse. Lei mi baciava le guance e mi stringeva fortissimo, ma non c'era nulla da fare: continuava a ripetermi che restare non era possibile né potevo andare con lei. L'ultimo provvedimento del giudice mi aveva affidata completamente alla tutela dei nonni con l'obbligo di residenza in casa loro. A loro spettava ogni decisione che riguardasse la mia salute e l'istruzione. Insomma, aveva vinto lui: Giovanni era riuscito a privarla della sua maternità. Aveva dimostrato, esibendo al tribunale un'ampia documentazione medica, che lei non poteva prendersi cura di me a causa del suo squilibrio mentale.

Mentiva. Sapeva che mia madre non era malata di mente e che si era appellata al vizio di consenso per liberarsi dal vincolo fasullo che li univa. Voleva farle del male. I figli spesso vengono usati come merce da contendersi, un mezzo per punirsi. I nonni le avevano consigliato di firmare l'accordo per evitare il peggio. Doveva sottomettersi al ricatto, la vendetta di un uomo che non aveva saputo accettare di essere stato lasciato.

«Mio figlio... Ma come poteva l'innocente venir condannato? Come poteva la legge volere che il povero bimbo rimanesse legato al padre, che fosse impedito a me di proteggerlo, di educarlo, di sviluppare in lui tutto ciò di cui avevo già formato la sua sostanza?»

Ogni tanto annunciava che partiva per un breve viaggio. Nemmeno in quella circostanza avevo il permesso di andare con lei. PERICOLOSO PER L'INCOLUMITÀ DELLA MINORE si leggeva in un documento dal tribunale alla sua richiesta di portarmi in vacanza. Mi sarebbe piaciuto visitare con lei le città da cui tornava sempre con una bambola. Ne avevo una collezione colorata: tutte in abito regionale, esposte in una vetrina di legno commissionata a un artigiano del quartiere.

Ogni volta che se ne andava, anche se solo per un breve viaggio, mi lasciava turbata dal dubbio che non sarebbe tornata.

La sua partenza era sempre tumultuosa. Esprimeva un bisogno inconscio di vendicarsi delle angherie subite da mio padre facendoci soffrire. Si era innescata un'insensata catena di reazioni in risposta ad azioni.

La sua era un'implicita rivendicazione, il suo radicale senso di giustizia la rendeva intransigente.

I nonni si erano ormai abituati a smascherare le sue minacce. Sapevano che lei non sarebbe riuscita a stare lontana da me più di una settimana. Si trattava solo di aspettare e di darle soddisfazione mostrandosi in apprensione.

Io invece mi lasciavo ingannare temendo ogni volta di essere abbandonata.

Bisognava inoltre adoperarsi per nascondere le sue partenze a mio padre, che avrebbe potuto utilizzarle come ulteriore testimonianza della sua instabilità e scarsa propensione al ruolo materno.

"Gli darai modo di avere ragione e ti porterà via la bambina per sempre" l'ammoniva la nonna, ma lei era irremovibile.

"Ormai ho deciso e niente e nessuno potrà trattenermi."

"Corri un rischio enorme. Davvero non t'importa niente di tua figlia?"

Era un'altra contraddizione dolorosa che dovevo sopportare.

Ricordo soprattutto uno dei suoi allontanamenti da casa, per me il più drammatico.

È una di quelle volte in cui Costanza ha litigato con la nonna. Deve aver detto qualcosa di sbagliato sull'uomo che frequenta da un po'. È sposato. Uno scandalo per i nonni, che sono persone all'antica, rispettate in tutto il quartiere. Costanza non vuole sentire ragioni. Dice che lui sta lasciando la moglie. La nonna ride e butta la testa all'indietro con un gesto plateale di tutto il corpo.

"Una storia antica come il mondo" le dice calcando troppo la mano. "È soltanto un mascalzone che si toglierà il capriccio e sparirà."

Sono dietro la porta. Sento mia madre che piange. Mi tormento con le mani i capelli.

Quando mamma è felice, io sono serena. Adesso ho paura che ricominci l'altalena dei giorni sì e dei giorni no.

"Se ti piace essere la sua sgualdrina..."

Una parola di troppo. La nonna sa essere davvero pesante. Mamma esce correndo, va in cucina e prende i piatti messi ad asciugare sul lavello. Li scaglia a uno a uno sul pavimento con una furia disumana. Non mi libererò più di questa paura. Premo le mani sulle orecchie.

"Sei pazza" le urla la nonna dal corridoio. E forse è vero. Devo convincermi.

«Folle d'aver l'anima sospesa a tanta irrealtà... Folle, folle, folle, con tutti i miei anni, con tutta la mia esperienza, non stanca ancora di tragiche illusioni.»

Ogni volta è un pugno nello stomaco. Mi dico che no, non è pazza. Non voglio cedere a questo pensiero. È arrabbiata, ferita, ma non è pazza. Corre in camera e fa la valigia. Poi si gira a guardarmi: sono rimasta sulla soglia immobile.

"Io qui non ci posso più stare. Vieni con me, ti faccio vedere dove mi trasferisco."

Saliamo al Vomero con il 185. L'autobus è affollato e procede a singhiozzi. Guardo la città che sale come se la vedessi per la prima volta: edifici nobili e antichi si alternano ad altri più moderni. Alcuni sono eleganti, altri mi appaiono fatiscenti simili ad animali morenti. Mi distraggo come posso, spostando lo sguardo sui passanti, indovinando i loro nomi, la loro età. Il tempo va lentissimo. Costanza non dice una sola parola. Il dolore le disegna una maschera sul viso. Io cerco pezzi sani del mio cuore e non li trovo.

La collina del Vomero è tutta verde. Mamma ha trovato

tra gli annunci del «Mattino» una stanza in affitto in un appartamento in via Ruoppolo. Saliamo al primo piano. La stanza è piccola, ma ha un ampio balcone sui giardini.

Lascia cadere la valigia sul pavimento di graniglia, si guarda intorno, forzando un sorriso che non mi convince. Il legno di pochi mobili vecchi e malconci, un letto, un armadio, una scrivania, emana un odore marcio che sa di abbandono.

Spero che qui possa essere felice, anche se mi mancherà. Ci è rimasto poco spazio per soffrire ancora.

Spero che qui abbia trovato la sua «povera stanza solitaria» come Sibilla in via Margutta, dove si trasferisce nel 1925 dopo dolorose e intermittenti permanenze in alberghi, pensioni, camere d'affitto. L'ambiente è piccolo, freddo, buio, ma Sibilla ha finalmente trovato il suo approdo. Il tavolo diventa la sua scrivania. Vi trascorre quasi tutto il suo tempo. Legge, annota, studia, scrive. Poesie, romanzi, il suo prezioso diario.

Costanza ha un bagaglio solo, stipato di carte. Ha portato con sé un paio di libri. Gli altri li leggerà nel suo studio, quando verrà a trovarmi.

"Sto scrivendo un romanzo importante. Ho bisogno di silenzio e di luce" mi dice spalancando il balcone.

Facciamo la strada a ritroso, l'autobus a quest'ora è meno affollato. Ci porta verso il mare. Il sole sbiadisce, i colori si spengono, il vento ha perso l'odore del verde, adesso è ruvido e salato. Sono triste, forse perché è sera, forse perché so che stanotte lei non sarà a casa con me. Vorrei trovare le parole per convincerla a desistere, le stringo forte la mano. Costanza avverte il mio disagio e mi accarezza.

"Verrò a trovarti tutti i giorni. Te lo prometto" mi dice con una dolcezza indimenticabile. Mi lascia sulla soglia di casa. La nonna mi accoglie con un bacio senza guardarla. Vado a chiudermi nella mia stanza. Non ho voglia di cenare.

«In questa stanza d'albergo, dove l'ininterrotto rumore dell'arteria cittadina sale a picchiarmi il cervello, che mi par trasformato anch'esso in cosa di metallo e pietra, penso stamane ad altre stanze consimili, ad altri uguali infernali baccani, in giorni pure d'estate, lontani. Le stesse valige, con qualche etichetta di meno, posavano su identici sgabelli.»

Ci sono coincidenze nella vita che bisogna ascoltare.

Possiamo salvare solo pezzi di noi e delle nostre storie e ciò deve bastarci. Nessuno può pensare di vivere restando intero.

È un ricordo che fa male, ancora mi stringe lo stomaco, mi insinua un bruciore nelle ossa. Intanto il telefono squilla. Sento la nonna annuire, riattacca. Corre da me. Non posso sapere cosa sia successo fino a quando lei non arriva e mi abbraccia.

"Si è svegliata" mi dice abbracciandomi.

Non riesco a essere felice, non sento niente. Forse ho paura che ricominci la giostra dei giorni sì e dei giorni no.

18.

Dopo circa un mese Costanza ritornò a casa senza nessuna spiegazione. La vedemmo arrivare con la valigia e capimmo che era venuta per restare. Nessuno di noi commentò. Tutto riprese da dove si era interrotto come se lei non se ne fosse mai andata. Appariva stanca, docile, domata.

La nonna era contenta: sua figlia forse aveva imparato la lezione. Non c'era altro posto per lei che nella casa paterna. Succedeva così, ogni volta, che mia madre veniva accolta e respinta allo stesso tempo. I nostri sentimenti erano doppi e corrotti. Doppia e mendace la nostra vita. Provavo pena per lei. Era una rifugiata, un'invisibile condannata a un esilio perenne.

«Tutta la vita sono stata la refrattaria, la ribelle, oh ma inerme! "Anima mia, che hai le ali ma non armi".»

Ripensai al pavimento di graniglia della stanza in affitto del Vomero dove condivideva una parte della sua vita con altri nomadi come lei.

Deve essere difficile cercare a tutti i costi la familiarità con degli estranei. Mia madre poi aveva una grande abilità a mostrarsi diversa, non faceva facilmente simpatia.

A pranzo sembrava ristabilita, indossava un vestito leggero a fiori rossi, papaveri e rose, il viso era colorito, le labbra accese dal rossetto, sembrava di buonumore, nuovamente affettuosa.

Nei giorni bui mi teneva a distanza e non nascondeva un certo fastidio verso i miei baci.

Ci disse che il romanzo procedeva e il suo editore si era mostrato interessato. Era stato questo progetto a riportarla a casa.

Scriveva in quei giorni anche la sua prima silloge poetica, me lo disse prima che il pudore la spingesse a tenere segreta questa nuova passione per la poesia.

Mi prese la mano e mi sorrise. Poi mi sorprese:

"Stasera vorrei leggerti qualche mio verso".

Ero felice. Mi faceva entrare nel suo mondo, nella parte più intima della sua scrittura: la poesia. Aveva smesso forse di proteggersi.

Questi ricordi annullano gli altri. Anche quelli che fanno più male. Sono i ricordi di un'infanzia speciale.

Mi rimetteva al mondo ogni volta che mi apriva le porte della sua vita interiore. Il suo mondo di immaginazione da cui nascevano storie sempre diverse. Lo spazio segreto che la rendeva unica. A cui restava aggrappata per sentirsi sé stessa fino in fondo. Senza calcoli e a qualsiasi prezzo. Non aveva mai trovato qualcuno disposto a farle uno sconto. Lei viveva soltanto per scrivere.

«La ragione suprema della mia esistenza (e quindi anche della mia resistenza).»

Ma la sua era una vita spaventosa, fatta di fughe, affanni, dolori. Inquietudini da cui dovevo tenermi distante per non essere come lei. Preferivo una vita mediocre ma serena, affidata a una quotidianità rassicurante.

Lei era una donna diversa.

Questa sua dimensione spirituale era necessaria alla sua arte, alla sua ispirazione, all'ampiezza dei suoi sentimenti, da cui nascevano personaggi autentici in grado di emozionare i suoi lettori.

Lei era una grande scrittrice perché sapeva raccontare storie universali.

Io volevo essere soltanto una donna felice.

19.

Mi ha spinto lei a leggere tutti i libri di Sibilla Aleramo. Li ho lasciati qui sul mio comodino. Mi basta allungare la mano per sentire le rughe delle pagine.

Qualche mese dopo la prima consegna, Costanza mi regalò *Il passaggio*, il suo secondo romanzo.

Scambiarci i libri era il nostro gioco, ma a lei piaceva sempre mescolare le carte. Era il suo modo di mettermi alla prova.

Partecipava a quel processo d'immedesimazione che lei stessa aveva innescato, regalandomi il primo romanzo di Sibilla, e che io da sola negli anni ho spinto fino all'esasperazione.

Mi affezionai subito alle pagine di questo nuovo romanzo.

Sulla copertina c'era ancora Sibilla. Diventerà un cliché la sua foto al centro della copertina di ogni libro, con acconciature e abiti sempre diversi, intrigante e bellissima.

Questa volta ritratta di profilo in una posa malinconica: la testa reclinata, gli occhi semichiusi, i capelli raccolti, il vezzo di due piccoli nei sul mento e sulla guancia destra in basso.

Le parole del *Passaggio* crearono una più profonda intimità tra noi.

La sua pazzia, il suo modo di amare totale e disperato, la sua perenne dedizione all'amore, perpetuo motore della sua vita inquieta.

Quando scrisse *Il passaggio*, Rina era già stata separata da suo figlio. Rifletteva, ricordava, progettava il futuro in una nuova città. Troppe cose però non tornavano. Aveva pagato un prezzo altissimo per lasciare Ulderico e riconquistare la sua indipendenza.

In Corsica le tornò l'ispirazione.

I fatti che avevano segnato la sua infanzia, il trasferimento a Porto Civitanova, il rapporto con i genitori, lo stupro, il matrimonio, la nascita di Walter, la rottura con il marito, nel *Passaggio*, componevano una nuova autobiografia spirituale e lirica.

Con parole inedite e una forma diversa dal precedente romanzo, Sibilla perimetrava la sua storia, riuscendo a dare una fisionomia precisa a sentimenti, conflitti, turbamenti, cadute, speranze.

Una lettura più difficile, quasi poesia. Ogni parola misurata, levigata.

Sibilla racconta i suoi amori dopo Ulderico, il peso del costante vagabondaggio sentimentale, che nasceva dalla difficoltà di gestire il nuovo spazio di libertà appena conquistato.

Lei stessa riconosce la novità del *Passaggio* nel suo percorso artistico e così la descrive nel suo *Diario di una donna,* anche per difendersi dai detrattori che lo avevano considerato un'opera poco riuscita d'ispirazione dannunziana.

«C'è invece maggior impegno creativo e trasfigurativo, c'è il raggiungimento d'uno stile. Musicale e insieme perspicuo, che si è voluto confondere con quello dannunziano e che invece è tutt'altro, congenito col mio respiro, mio, mio, voce mia... Estetismo è esteriorità. Nulla d'esteriore c'è nel Passaggio e quasi nulla in Endimione. Tutto è sintesi, concentrazione; tutto è lucidità anche nei punti più intensi e ardui. Tutto è fedele alla mia interiore visione. Nessun gonfiore, nessun barocchismo. E infine si tratta di *opera di donna, di poesia femminile,* di tentativo eroico per la prima volta forse nella storia del lirismo italiano, di attestare la qualità del genio muliebre, ch'io sostengo differente dal genio maschio... Come mai tutto questo non è stato compreso e ammesso?»

È probabilmente questa la spinta più forte a scrivere *Il passaggio*: scarnificare la storia, spogliandola dei suoi gravami tematici, che fanno del suo primo libro un documento della condizione femminile di quegli anni. Ma questa seconda prova fu poco compresa dalla critica, che aveva esaltato *Una donna*, vanificando la volontà di Sibilla di affermare la sovranità assoluta della parola che trascende il valore dei fatti e li trasfigura in simboli.

La trama appare dunque rarefatta, poco centrale nella tessitura del testo, i riferimenti autobiografici, pur costituendo l'ossatura del libro, restano sottotraccia.

Ho la sensazione di leggere un romanzo diverso, un non-romanzo, un'opera di riflessione.

20.

Ribadire il diritto all'amore. Forse è questo il senso della sua erranza sentimentale. Lo ha fatto per sé e per tutte le donne. Dopo secoli di silenzio. Secoli di cenere.

Siamo state sepolte nella parte migliore di noi: quella che sente e che ama.

Bisogna avere il coraggio di scriverlo: alle donne è stato negato per secoli il diritto di amare.

Alla fine, c'è il rischio che non sappiamo più farlo.

Sibilla non ha paura di dare un nome ai suoi sentimenti. Non ha paura di raccontare l'amore. Non teme lo scandalo e la denigrazione.

«Credo che la donna più "vera" sia quella che nell'amore più prende: che dal sangue che il maschio le dona, copia maggiore estrae di entità spirituale, non solo per i figli ma per sé stessa, per la colorazione e la vibrazione de' propri pensieri... Quella che accoglie con ardore il principio virile, e lo elabora, e gli dà una trasparenza tutta femminea... Qualcosa di regale m'appare in questo destino di bella anfora cosciente. *Amo, dunque sono.*»

Sibilla scrive e ama. Ama e annota. Lascia fluire la vita nella scrittura e la scrittura diventa la sua vita.

Mai stanca di illudersi. L'amore è davvero per lei la "favola bella", come scrive d'Annunzio nella *Pioggia nel pineto*, la poesia che lei ama di più, la più musicale.

A Roma vive a singhiozzi. La scrittura è in alcuni giorni un grumo doloroso che non si scioglie, in altri più sereni diventa una benedizione. A volte è una trappola da cui fuggire, come gli amori, tutti sbagliati. Sono momenti di smarrimento, di angoscia silenziosa che serpeggia e ghiaccia il sangue.

Di notte sogna Walter, immagina di sentirne la voce, si sveglia piangendo, ha paura di essere dimenticata da lui.

È tormentata dalla «perpetua nostalgia» di suo figlio e dal discredito che si è abbattuto su di lei da quando è stata costretta a lasciarlo. Perfino le femministe hanno preso le distanze da una madre che ha abbandonato il proprio bambino.

La mattina il sole del Pincio fa brillare le lacrime che nascono dai suoi occhi come gocce di rugiada. Hanno la stessa consistenza lieve, evaporano appena la luce arriva a riscaldarle.

Roma è una città grande e accogliente, non la spaventa. Sibilla la attraversa domandandosi quando ha perso la sua strada e quando le è toccato di ritrovarla. Quando ha iniziato a non avere più paura della solitudine.

Cammina in fretta, deve tornare a casa per scrivere la sua storia. Ha comprato tre giacinti e le sono ritornate le parole. A volte ha paura che le sfuggano, sono la sua vera ricchezza e adesso lo sa.

Appena rientra nel piccolo appartamento li pone in un grazioso vaso di alabastro trasparente. La bellezza dei fiori, la bellezza in genere, continua a commuoverla.

Almeno tre volte alla settimana si concede l'acquisto di petunie, giacinti, rose. In ogni stagione fiori diversi ma non devono mancare mai. Se ne appunta uno sulla camicetta con uno spillo o se lo mette tra i capelli. Si specchia sorridendo e afferra l'attimo di felicità che le piove improvviso nel cuore. Un regalo degli dèi che non ha meritato.

L'amore è affidato a una lettera che scrive quando cala la sera.

«Non rileggo queste lettere, le chiudo ogni sera, ciascuna in una busta numerata – saranno trenta, quaranta, allorché potrò consegnartele? M'hai imposto tu di scriverti e suggellare così ogni giorno molte pagine, che dicesti potranno essere il libro *nostro*...»

21.

Mio padre sparì senza nemmeno il preavviso di una telefonata dopo aver annullato per tre mesi i nostri appuntamenti settimanali. Io contavo i giorni, le ore, i minuti che ci separavano.

All'inizio non capii, non era mai stato puntuale. Era già capitato altre volte che all'ultimo momento telefonasse per dire che un impegno di lavoro, sopraggiunto all'ultimo istante, gli impediva di trascorrere il pomeriggio con me. Ma quando gli appuntamenti si diradarono definitivamente, ebbi il sospetto che non l'avrei rivisto mai più.

Non riuscivo a misurare il tempo trascorso dalla nostra ultima passeggiata insieme. Rischiavo di dimenticarlo e lui forse si era già dimenticato di me. Ero confusa e sofferente, ma evitai di angustiare i nonni e la mamma con domande fastidiose.

Continuai a scrivergli le mie lettere fasulle che non avrei mai spedito e non avrebbero mai avuto una risposta. Mi tenevano compagnia. Raccontavo la nostra storia in modo diverso. Provavo ad aggiustarla. La rendevo plausibile. Mi accontentavo di quelle menzogne. Fantasticavo sulle nostre passeggiate, immaginavo di consumare con lui gelati alle creme, di giocare a carte sotto un leccio nella Villa Comunale, di andare in gita al mare a Mondragone dove la pineta arrivava sulla spiaggia.

Mi fingevo serena per non turbare mia madre. Avevo paura di minare il suo equilibrio. Temevo i suoi sbalzi d'umore che mi tenevano in uno stato d'angoscia perenne.

Alla fine, mio padre aveva ceduto, la guerra tra loro aveva lasciato il posto a una pace silenziosa. Aveva ritirato la sua richiesta di affidamento e il giudice mi aveva permesso di tornare a casa con un provvedimento che mi affidava ai nonni imponendomi di abitare con loro anche nel caso in cui Costanza avesse deciso di andare a vivere altrove. Mia madre aveva dovuto accettare le condizioni imposte dal tribunale nonostante la convivenza forzata con i nonni, soprattutto con la nonna, non fosse facile per lei.

C'erano giorni di serenità in cui tra loro si creava una spontanea complicità. In casa si respirava una inattesa spensieratezza che mi rendeva serena. Ma bastava una piccola scintilla per minare quell'instabile equilibrio e scatenare un conflitto. Erano entrambe donne forti che non sapevano mediare o accettare una sconfitta. Mi costringevano a prendere una posizione, era imbarazzante scegliere da che parte stare.

La resa improvvisa di mio padre attenuò per un po' di tempo le loro preoccupazioni. Il mio ritorno impose una tregua e per qualche giorno le ostilità furono messe a tacere. Mamma maturò un sentimento di gratitudine nei confronti dei nonni che le avevano garantito la migliore difesa in tribunale ottenendo una sentenza tutto sommato a lei favorevole.

Un mese dopo lei era rifiorita: aveva preso qualche chilo e le si era colorito di nuovo il viso. Anche i suoi occhi piccoli sembravano più grandi e luminosi.

Ogni pomeriggio usciva per lunghe passeggiate, attraversava via Toledo, Chiaia, si lasciava attirare dalle vetrine dei negozi alla moda di abiti, borse, scarpe, si muoveva senza disagio tra la folla, arrivava fino a via dei Mille e si fermava per gustare un gelato nell'elegante caffetteria di piazza dei Martiri.

Si vestiva con cura, legava i capelli in una coda abbondante, sostava a lungo davanti allo specchio.

La nonna insospettita iniziò a incalzarla con mille domande e alla fine Costanza fu costretta a confessare di essersi invaghita di un professore di letteratura italiana dell'università. Ma quell'uomo, di nome Tobia, aveva un difetto non trascurabile: una moglie lo aspettava in un paese dell'avellinese. La nonna s'infuriò.

"Che ti sei messa in testa? Non mi dire che credi alla favola del matrimonio finito. Vuoi che il tribunale ci tolga la bambina? Se te ne vai con lui, Emma deve restare con noi. Il provvedimento del giudice parla chiaro" le disse perentoria.

"Ma io non vado da nessuna parte, mammi', tra me e Tobia c'è soltanto un'amicizia. Ci piace chiacchierare, confrontarci. E poi gli sto facendo leggere il mio nuovo romanzo" disse con genuino entusiasmo. Le brillavano gli occhi, si vedeva che era felice e solo per prudenza nascondeva i suoi sentimenti.

"E quando ti chiederà di più," ribatté la nonna "cosa gli dirai? In che modo riuscirai a sottrarti? Dovrai concederti" incalzò.

"Non mi chiederà proprio nulla. Perché sei sempre così malpensante?"

"Ma ti rendi conto che è un uomo impegnato? Hai pensato alle conseguenze di questa relazione?"

Si preparava un litigio terribile, avevo imparato a riconoscere i segnali. Corsi a chiudermi nella mia stanza.

Il nome di Tobia continuò a risuonarmi nella testa per giorni. Se n'erano dette di tutti i colori.

"E così ci sei cascata di nuovo. Vorrei proprio sapere cosa c'è in te che non va" si era accanita la nonna.

"Tobia non è il mio amante, ti ho detto e te lo ribadisco perché mi sembra che tu non voglia capire." Mamma non si arrendeva.

"La verità è che non sei capace di stare senza un uomo. Dovresti pensare a tua figlia invece di correre dietro ai pantaloni del primo mascalzone che ti rivolge la parola" le aveva risposto perdendo completamente il controllo.

"Mammi', basta! Non iniziare con cattiverie. So come badare a mia figlia. Tu e papà la dovete finire di mettervi in mezzo, altrimenti me ne vado e questa volta me la porto con me."

"Brava, brava, minaccia, alza la voce, urla. Fai sentire a tutto il quartiere che Giovanni ha ragione, che sei una pazza. Fatti togliere la bambina."

Io non volevo giudicare mia madre ma speravo di diventare una donna diversa da lei e, in questo prendere le distanze, in fondo la giudicavo pure io. Era un garbuglio di sentimenti. Non ne uscivo. Anche la mia adorata nonna, sempre così dolce e premurosa con me, mi appariva crudele nei confronti di sua figlia.

Era anche lei una madre incapace?

Da quando il matrimonio era naufragato, Costanza aveva tentato di riscattarsi cercando un nuovo amore, ma aveva incontrato solo uomini meschini che avevano frainteso, o era stata questa la scelta più comoda, i suoi sentimenti.

La violenza di mio padre l'aveva traumatizzata. Aveva sottovalutato il suo maschilismo, affidandosi all'apparenza di un uomo perbene, un artista. Aveva messo la sua felicità nelle mani di uno sconosciuto. Aveva avuto troppa fretta di sposarsi.

Adesso voleva un'altra possibilità, sognava l'amore romantico, non la prigione di una relazione a senso unico. Aveva bisogno dei suoi spazi, reclamava la sua indipendenza. Da questo punto di vista Tobia era perfetto proprio perché si divideva tra lei e sua moglie.

Lo conobbi durante una passeggiata a Mergellina. Costanza indossava un vestito blu e bianco, calze leggere, scarpe coi tacchi. I capelli castani si posavano leggeri sulle spalle tonde. Non era bellissima, non lo era mai stata, piuttosto interessante. Un po' grossa a causa degli psicofarmaci che le facevano accumulare qualche chilo di troppo.

Tobia arrivò all'improvviso, forse avevano un appuntamento, e volle conquistarmi con un gelato a tre gusti. Era un uomo piacente, alto e piuttosto robusto. Sulla via del ritorno le prese la mano.

A casa la nonna fece una scenata. Ancora una volta pronunciò parole terribili sull'onore e la rispettabilità della famiglia.

"Non hai nemmeno la decenza di farti i fatti tuoi senza tua figlia" la rimproverò.

"Non ne sapevo nulla: Tobia mi ha fatto una sorpresa" tentò di difendersi lei piagnucolando.

Di fronte alla sua debolezza la nonna si accanì ulteriormente.

"Vuoi che anche lei diventi una sgualdrina?"

Costanza fuggì senza rispondere. Si allontanò sbattendo la porta mentre io e lei restammo a guardarci in silenzio con grande imbarazzo. Forse sperava che io non avessi capito, che non soffrissi troppo. Avevo voglia di correre da mia madre e abbracciarla.

Dopo circa un mese Tobia si presentò di nuovo sotto casa. Questa volta invitò Costanza al ristorante e volle che andassi con loro. La nonna accumulava un malumore incredibile, ma non poteva opporsi. Percorreva il corridoio della casa, andando avanti e indietro sbuffando.

Salimmo sull'auto parcheggiata qualche isolato più avanti e partimmo, varcando il confine della città, alla volta di Mercogliano. Mamma sedeva davanti, io sul sedile posteriore mi divertivo con il vento che mi scombinava i capelli. Dall'autoradio arrivava la voce di Lucio Battisti che cantava *Dieci ragazze*. La mamma seguiva il ritmo con un piede, e di tanto in tanto accennava il ritornello.

Il ristorante era una costruzione tipica di quelle zone, realizzata interamente in legno con un grande camino e uno spiedo dove si arrostivano carni e patate. L'odore della brace si diffondeva in tutto il locale insieme a un piacevole tepore. Il fuoco crepitava e consumava le carni di polli e agnelli. Le patate venivano cotte sotto la cenere.

A metà pranzo Costanza e Tobia lasciarono la tavola e si avviarono nel giardino per discutere ed essere liberi di alzare la voce. Cominciai a temere che l'incantesimo di quella giornata speciale si fosse interrotto. Avevo ragione. Il ritorno fu frettoloso. Tobia mi ordinò di chiudere il finestrino, dovetti rinunciare al mio gioco con il vento, l'autoradio taceva, mamma si asciugava di nascosto le lacrime.

Una volta a casa, la nonna non le risparmiò la sua sentenza.

"Avevo ragione io. Forse adesso hai capito."

Costanza si fermò, in silenzio, con gli occhi lucidi, sulla porta, per sfidare la disapprovazione della nonna. Dovette lottare con tutte le sue forze per non cedere alle sue provocazioni.

Si odiavano o forse si amavano troppo. Poi girò le spalle e si ritirò nella sua stanza. Sentimmo che chiudeva a chiave la porta.

Ci aveva abituati a tutto. Ormai non riusciva più a stupirci con le sue ritirate strategiche, il suo andarsene per poi ritornare, gli sbalzi d'umore, la crudeltà con cui aggrediva la nonna e la serafica bontà con cui aiutava i bambini e i bisognosi, capace di privarsi di qualsiasi cosa per loro.

Più tardi, quando arrivò la sera, scoprimmo che aveva preso una dose tripla di tranquillanti.

Fu chiamato un medico che arrivò nel cuore della notte, bussò piano alla porta, i nonni aprirono, io fingevo di dormire.

Volevo accontentare tutti: mia madre, che si curava poco di quanto soffrissi di ogni suo cedimento, i nonni, che volevano solo proteggermi da lei.

22.

A Roma Rina è divisa tra i due poeti che si contendono il suo amore: Felice Damiani e Giovanni Cena.

Felice, più giovane, meno solido, va e viene dalla sua vita.

A Giovanni Cena, Rina deve lo pseudonimo di Sibilla, le letture comuni, l'attenzione alla sua scrittura.

«Ed un giorno, sul rovescio d'un dei foglietti dov'io nella notturna pace della pineta gli sussurravo delle mie estasi, egli scrisse: "Sibilla". Nome di mistero, che doveva restarmi, nome del mio destino, fiero ed altero, nome che non ho mai amato ma che ho portato come un dono periglioso. Sibilla, fiorito inconsapevole di sua durata quando uno solo ancora m'ascoltava.»

All'inizio la loro sembra soltanto un'amicizia, ma Cena si è invaghito della giovane sirena e riesce a prendere nel suo cuore il posto che aveva occupato in un primo momento Damiani.

Il nucleo di *Una donna* era stato concepito a Porto Civitanova nel giugno del 1901. Nello stesso periodo in cui Sibilla curava la pagina letteraria di «Novocomun», periodico di Como, recensendo libri scritti da donne. Ma alla stesura completa e definitiva lavora all'ombra della cupola di San Pietro, nelle notti insonni, sotto il cielo di Roma.

«L'alloggetto» in via Flaminia, in cui vive con Cena fino al 1910, dopo una breve convivenza con la sorella nella Pineta Sacchetti, è la sua prima casa. Lontana dalla sua famiglia d'origine, Sibilla si sente sola.

Sola. È l'aggettivo più ricorrente nei suoi carteggi e che meglio definisce la sua condizione esistenziale. Sembrerebbe quasi una contraddizione accostarlo al suo nome. A una donna con tanti amanti. Amorale come dichiara perfino l'acronimo del suo cognome.

«Da sola, da sola prendere il timone della mia sorte! Assumere, chiara, grave, tutta la coscienza della mia intima libertà, inalienabile libertà. Da sola giudicarmi, da sola tendere l'orecchio al comando interno, da sola ubbidire.»

La distanza da Porto Civitanova, da suo padre, da Ulderico è salvifica per l'ispirazione del romanzo.

Molte pagine nascono di notte, illuminate da uno spicchio di luna che sorveglia il cupolone, quando il sonno non arriva. Sibilla pensa al suo bambino che sta dormendo lontano da lei. Il vento lieve della città le attraversa i capelli con invisibili dita, lei si stringe nel suo scialle, sente di aver trovato una voce, la strada per le sue parole. Si siede e finalmente sorride. Scrive la sua storia.

La convivenza con Cena, forse la più lunga, dura circa sette anni; dopo di lui, Sibilla si lega a Vincenzo Cardarelli; ci saranno in seguito altri uomini, molto più grandi di lei o tanto più giovani, nessuna censura o inibizione può frenare il suo bisogno d'amore. Sono poeti, artisti, scrittori: Papini, il ragazzo Joe, Vincenzo Gerace, Umberto Boccioni, Michele Cascella, Giovanni Boine, Raffaello Franchi, Dino Campana, Giovanni M., Endimione, Giulio Parise, Enrico Emanuelli, Quasimodo, Franco Matacotta.

Un carosello interminabile di storie. Lei sempre in perdita.

Tanti amori per altrettanti dolorosi e numerosi addii. Uno dopo l'altro, impetuosi, struggenti.

Una perenne rincorsa dell'amore. In ogni uomo cerca ancora suo figlio, ancora suo padre.

«Ho combattuto una battaglia che posso dire eroica, fra la coscienza sempre presente del dovere verso il mio più alto destino e il bisogno d'amore non sensuale, l'hanno riconosciuto tutti gli uomini che ho amato, ma per bisogno appassionato, derivatomi in parte da mia madre e in parte dalla perpetua nostalgia di mio figlio.»

Storie tutte diverse, la sua vita come un romanzo, il suo romanzo come la vita: Sibilla abbatte ogni barriera tra vita e finzione. Fa della sua vita un'opera d'arte secondo il principio enunciato da d'Annunzio nel *Piacere*. A lui devotissima e sua profonda ammiratrice al punto da essere definita dannunziana da una certa critica poco incline a riconoscere la sua originalità e la sua voce.

Presto il suo vagabondaggio sentimentale diventa anche nomadismo in senso fisico. Iniziano viaggi interminabili lungo l'Italia: Milano, Roma, Sanremo, Firenze, Napoli. La Russia. Più che per una sua difficoltà di radicamento, Sibilla non viene mai accolta o è respinta anche dagli uomini che le avevano dichiarato il loro amore. S'incrina sempre qualcosa e, quando avviene, lei combatte prima che la crisi si trasformi in un addio definitivo.

Tutto ciò che avviene nella sua vita è una provocazione per la sua scrittura feconda, che sa sempre trovare nuove strade, nuove forme.

Dal suo primo romanzo al diario mi sembra di leggere un'unica storia.

23.

Un giorno era arrivata una telefonata. Qualcuno chiamava da parte di mio padre.

Di lui avevo dimenticato il viso, la voce, tutto.

Avevo smesso di scrivergli. Quell'esercizio, che era stato così virtuoso, non mi dava più nessuna soddisfazione. Le lettere giacevano ormai abbandonate in un cassetto. Lo avevo lasciato andare.

La scrittura non faceva per me. Apparteneva tutta a mia madre che trascorreva le sue giornate, la sua stessa vita, scrivendo. Calpestata da tutti. Incompresa. Nemmeno i nonni potevano dire di aver capito chi fosse quella figlia così diversa. Non l'avevano mai sostenuta.

Lei era in un momento felice: giornali e riviste chiedevano i suoi racconti, le era stato assegnato un riconoscimento letterario, era ormai abbastanza nota. Talvolta per strada qualcuno la fermava per chiederle un autografo e lei sorrideva soddisfatta mostrando i denti luminosi come piccoli cristalli.

La telefonata la colse impreparata. Il destino aveva scritto la parola fine alla storia tra me e mio padre. Mi toccava leggere l'ultimo capitolo di un intreccio in cui non era previsto l'idillio.

Quando la preside venne a chiamarmi, lasciai a malincuore la professoressa Palmieri che leggeva con convincente trasporto una pagina di *Fontamara* molto appassionante. Avevo già letto per conto mio, su suggerimento di Costanza, *Cristo si è fermato a Eboli* e *Padre padrone*.

Intuii subito che fosse successo qualcosa di grave, temendo per mia madre. Trovarla nell'atrio mi fece tirare un sospiro di sollievo. Mi accolse con un bacio veloce e mi portò fuori dalla scuola chiedendomi di affrettarmi.

Camminavamo in silenzio, attente a non scivolare sui basoli lucidi del Centro Antico. Non avevo il coraggio di chiedere nulla. Mi lasciavo condurre, lei mi stringeva la mano con una premura diversa dal solito.

Cercavo di distrarmi guardando le mie scarpe nuove, acquistate il giorno prima all'uscita dalla scuola. I mocassini di cuoio da squaw tanto alla moda con le frange e i corallini mi pizzicavano il tallone ma sopportavo volentieri quel piccolo fastidio.

Quando arrivammo davanti alla pasticceria Scaturchio, nella Pignasecca di fronte all'Ospedale dei Pellegrini, decise che era giunto il momento di fare una breve sosta perché mi rifocillassi con la mia pizzetta al forno preferita. La mangiai lentamente e con scarsa avidità, l'ansia mi aveva tolto l'appetito.

Fu quello il momento in cui me lo disse: era stato ricoverato.

"Ha chiesto di te. Andiamo a salutarlo."

Sussurrò poggiandomi le mani sulle spalle. La sua voce si piegò, divenne liquida, per quelle parole inappellabili. Diedi un ultimo svogliato morso alla pizzetta, lasciai la metà che restava nel piatto. Mi alzai con indifferenza come se non avessi capito.

"Andiamo" le risposi cercando l'appiglio della sua mano.

"Sì, dobbiamo sbrigarci. Tra mezz'ora finisce l'ora delle visite."

Non ero pronta. Nel breve tragitto che ci separava dall'ospedale, tentai di ricordare qualcosa di lui ma la mia mente aveva trattenuto solo qualche immagine sbiadita. Vidi il campo di papaveri rossi. La corsa dei cavalli all'ippodromo di Agnano. Lo zucchero filato. Lui che, inginocchiato dietro l'obiettivo della sua Polaroid, mi chiedeva un sorriso per una foto.

Poi silenzio. Nulla per anni. Troppi anni in cui l'avevo sempre cercato. Ma il mio orgoglio adesso metteva a tacere i sentimenti, mi impediva perfino di soffrire come forse avrei dovuto.

Lo trovai disteso in un letto bianco, nudo e avvolto in un lenzuolo bianco che sembrava un sudario. La voce flebile, gli occhi cerchiati, il viso pallido. Fece un cenno a mia madre e lei capì subito che chiedeva di essere sollevato. Riuscì per poco a restare seduto con la schiena sorretta dal cuscino.

"Avvicinati" mi disse, mentre mi facevo coraggio. "Dai un bacio al tuo papà."

Ubbidii. La sua pelle odorava ancora del caffè che aveva bevuto qualche giorno prima probabilmente. Lui si protese verso di me e piano mi sussurrò nell'orecchio:

"Sei stata il tormento della mia vita".

Quasi una confessione, essenziale, come era stato il nostro rapporto diluito, dilaniato dal tempo che aveva segnato una distanza enorme tra le nostre vite.

Poi chiuse gli occhi senza darmi il tempo di dirgli niente. La mamma si diede subito da fare per organizzare il suo funerale come se tra loro non ci fosse stato tutto quel dolore inutile.

Non sapevo cosa fosse la morte e anche quel giorno faticai a capire.

Mi portai per sempre negli occhi quell'immagine di lui che dormiva, forse si sarebbe svegliato domani o in un altro giorno qualunque. Lontano da me.

24.

"Mario non mi vuole più."

Nella stanza di Costanza ho trovato questo biglietto. Cinque parole che forse spiegano tutto. Era lì sul comodino, un piccolo foglio di carta con la sua grafia incerta per la mano tremante.

Mi siedo sul letto, non sono più capace di muovere un solo passo.

«Della mia sofferenza fo la mia beatitudine. Voglio credere in ciò che m'hai detto, voglio credere anche nel mio potere d'amore, e nel miracolo ultimo dell'universo... Voglio esser felice, in questa fede, e nell'attesa.»

Mario è stato il suo ultimo uomo. Ancora un uomo sbagliato. Ancora uno scrittore.

È un saggista, uno storico con la passione della filosofia. Sembrano fatti l'uno per l'altra. Si sono incontrati a un convegno dove lui ha tenuto una relazione sul marxismo e le economie socialiste. Lei ha ascoltato ogni parola senza distrarsi nemmeno un istante. Alla fine, qualcuno l'ha portata da lui al tavolo dei relatori, e gliel'ha presentata. È una scrittrice di successo anche se è a pezzi da quando Tobia è sparito dalla sua vita. È tornato da sua moglie e lei non se ne è ancora fatta una ragione.

Oggi però si sente meglio, forse perché il mare luccica sotto il castello e dalla finestra arriva il tepore della luce del sole che disegna arabeschi e volute sulle pareti.

Un brivido le attraversa il corpo dai piedi lungo le caviglie, fino al collo mentre lui le sorride e le porge la mano in modo galante.

Forse è merito della primavera, se all'improvviso si sente così bene o forse è grazie a quest'uomo che parla di Marx in modo semplice, senza troppe citazioni e riferimenti dotti.

Le sembra un sogno: è stata sempre innamorata di Marx e della sua dottrina.

Potrebbe cascarci di nuovo. Potrebbe innamorarsi. Ma lui chi è? Sarà l'ennesimo errore? Sa che non può permettersi un altro abbaglio. Gli guarda le mani. Non indossa la fede: potrebbe essere un vezzo o una dimenticanza. Poi sente qualcuno alle sue spalle che parla di lui. È separato. Così quando glielo presentano lei sorride scoprendo i denti piccoli e mostrando la fossetta sulla guancia sinistra. Lui resta folgorato dagli occhi schietti che frugano dentro i suoi.

Se ne vanno in un bar, lasciando la sala conferenze pronta per il solito buffet affollato. A un tavolino in via Partenope, tra la gente che corre in direzioni diverse, in due ore si raccontano le loro vite.

Quando è tornata a casa a stento si reggeva in piedi. Non ce l'ha fatta a tacere e alla nonna ha raccontato tutto. Si sono chiuse nella solita stanza. Io dietro la solita porta ad ascoltare con la speranza di scoprire cose che non mi facciano troppo male.

"Sento che questa può essere una storia importante."

Ma lei l'ha messa subito in guardia con la sua solita ruvidezza:

"Un separato è quasi peggio di un uomo sposato. Sicuramente tiene un difetto".

La nonna è sempre lapidaria. Non ammette deroghe alle sue regole di ferro, ha sempre voluto una vita ordinata. Costanza con i suoi deragliamenti ha sparigliato tutte le carte e lei non se ne fa una ragione.

In quei giorni mamma è rinata. La guardo mentre si specchia, ha indosso il *robe-manteau* verde smalto con i bottoni di osso che la sarta ha cucito per lei. Si spazzola i capelli castani e li tiene a bada con una fascia dello stesso colore dell'abito. Indossa le scarpe con i tacchi, sorride allo specchio.

All'inizio il loro amore è libero, appassionato, fatto di slanci entusiastici, desiderio di vedersi, sentirsi.

All'inizio il loro amore è sete inestinguibile.

Dura tre mesi così: telefonate, baci, carezze. Desiderio. Compassione. Empatia. Affetto.

Un giorno lo fa salire a casa. Succede sempre. Non ha mai tenuto nascosto un uomo alla nonna. Resto delusa: lo immaginavo diverso. È un ometto panciuto con pochi capelli rossi, gli occhi stretti, lo sguardo furbo. Indossa un pullover verde bottiglia e un paio di pantaloni stinti.

La nonna se ne va in cucina stizzita. Non gli offre nemmeno un caffè. Mamma prova a scusarsi ma lui dice che non fa niente.

Poi le cose tra loro iniziano a cambiare. Lui ha paura. Lui sta male. Glielo dice: soffre di sbalzi d'umore, ha perfino pensato di togliersi la vita. Non può restare con lei. Il loro amore così puro è contaminato dalla malattia. Ha capito che lei ha le sue stesse fragilità. Certe ferite non si nascondono.

Lei tenta di trattenerlo, lo stringe, aderisce al suo corpo, fa combaciare le loro labbra, lui si lascia andare, la bacia con foga. Sembra pentito, ritratta ma ormai qualcosa tra loro si è incrinato e Costanza lo sente ed è molto angosciata. Inizia un tira e molla, i no si alternano ai sì, inizia qualche bugia.

La loro storia si incrina. Deflagra.

Costanza soffre come sa fare lei. Soffre con il corpo e con l'anima. Inizia l'insonnia, quella terribile dei momenti peggiori. Inizia la fame, ingrassa dieci chili in un mese. Non mangia, s'ingozza. La nonna non sa cosa fare. D'altronde l'aveva avvertiva, ma nemmeno lei poteva immaginare una crisi così repentina. Poi arriva l'inedia e, in poco tempo, diventa magrissima. Forse ha paura che lui se ne vada, anche se dice alla nonna che si augura che lui trovi il coraggio e sparisca.

"Lascialo tu," la incalza lei "prima che quest'uomo ti uccida."

Allora lei inizia a fingere. Anche con me. Ma io so che qualcosa non va. Diventa eccessiva. Ride troppo. Mangia troppo. Spende troppo. Parla troppo. Di notte però non dorme mai. Lei piange e io mi rannicchio nel letto implorando il silenzio, una pace qualunque, purché sia pace.

Nessuno poteva immaginare quello che sarebbe successo poi. Nessuno poteva. Davvero. Chissà cosa ha pensato quando l'ha fatto. Chissà se c'è tempo di pensare mentre succede. Chissà se ha sofferto.

Con quale consapevolezza si vola da un balcone? Ci vuole coraggio o disperazione? Dove ero io in quel momento?

Un tempo sono stata sognata. Un tempo mi ha voluta e amata. La vita ci ha distratte, distorte, guastate. Non so se voglio che torni.

25.

Dino Campana, a cui in paese hanno dato il nomignolo di Dino Edison, è il più rumoroso dei suoi tanti amori.

«Il più intenso e più terribile della mia vita.»

Sibilla se lo va a cercare nel Mugello dopo avergli spedito centinaia di lettere, migliaia di parole. Sembra che debba andare così tra loro: la scrittrice e il poeta che si amano attraverso rime e assonanze, metafore e voli pindarici.

Poi un giorno decidono che è venuto il momento di incontrarsi.

Prende l'automobile postale che attraversa campagne verdi di ulivi e meli, pioppi alti e ordinati che disegnano paesaggi d'infanzia, olmi e platani, cipressi e pianure distese come tappeti, poi colline increspate, verdeggianti e assolate.

Per tutto il viaggio recita rime di Campana: le conosce già a memoria. Ha tra le mani un quaderno su cui appunta pensieri. Come un diario. Su qualche pagina annota versi. Ha iniziato a scrivere poesie: dove talvolta non arriva la schiettezza ortodossa della prosa, le immagini aeree dei versi non tradiscono il cuore. Ti amo, pensa, e non potrai non amarmi anche tu.

Sorride e con quieta speranza placa l'angoscia. Si aggiusta il cappello e si specchia con una smorfia vezzosa nel finestrino. Sente lo sguardo di lui che attraversa le dune del suo viso, la pelle tesa, gli occhi profondi come un pozzo oscuro.

È l'unica viaggiatrice e si sente a disagio. Si concentra su di lui, il desiderio di vederlo è fortissimo.

Il pensiero di Walter arriva come una stilettata. Non lo sa se ce la farà a vivere una vita senza di lui. In attesa di una risposta a una soltanto delle sue lettere. Più tardi in una stanza arredata con poca mobilia scadente, alla luce incerta di un crepuscolo greve, gli scriverà ancora.

È un pensiero che sbiadisce appena si affaccia alla mente il volto di Dino. Il pazzo, che ha sconvolto la tranquillità di Marradi con la sua storia di intemperanze, è per lei solo il poeta.

Redimerlo. Guarirlo. Amarlo. Riportarlo nel tempo o forse allontanarlo per sempre dalle sue urgenze.

Il cuore adesso segna i minuti, i secondi, lo spazio tra lei e lui si fa rarefatto. Crolla il muro dell'apparenza perché possano mostrarsi l'uno di fronte all'altra. Denudati, depurati, lustri, veri.

Si aggiusta di nuovo il cappellino. È il suo vezzo. E di nuovo si specchia nel vetro, il sole le procura un'allucinazione momentanea.

Rina, sei quella di sempre. La poesia ti solleva dai dolori del tempo, dai ricordi che piovono sulle tue spalle. Liberati dalla nostalgia di tuo padre, dalla sofferenza di tua madre, dalla sua, la tua, follia.

Vai a conoscere il matto di Marradi sicura di riconoscerti in lui. La vostra lingua comune temprata nello stesso fuoco che qualcuno chiama furore. La poesia che custodisci su fogli sgualciti, stipati nel tuo bagaglio insieme al vestito più bello che una sartina di Roma ha cucito per te. Ma i fiori sull'orlo della tua gonna, la balza che sembra disegnata da un pittore futurista, i petali in movimento, i colori confusi, le linee di contorno che sbiadiscono, sono solo un'immagine triste, un inutile simulacro dei fiori di questa campagna toscana che adesso ti accoglie.

Quando il postale frena, capisce di essere arrivata, prende in fretta valigia e borsetta, scende piano attenta a non inciampare.

La stazione è deserta, spazzata da un vento indeciso che odora di fieno e campagna. Lui non c'è. C'è solo questo vento caldo e indecifrabile. Tra i capelli, sulle mani che raccolgono gli sbuffi della gonna per evitare che si alzi troppo, sul viso pallido. Non sa nascondere la sua paura di incontrarlo nemmeno a sé stessa. In fondo non sa niente di lui. Dopo mesi e mesi di corrispondenza, adesso le sembra tutto falso, fallace, inaffidabile. Eppure, sente di amarlo già con tutta sé stessa.

Si precipita fuori e annega lo sguardo tra le campagne finalmente vicine. Basta allungare una mano per sentire l'umore umido del cielo sulle foglie.

Lo cerca ancora, non è possibile che lui non sia venuto al loro primo appuntamento.

Poi all'improvviso le appare. Magrissimo. Un ciuffo ribelle di capelli sulla fronte, gli occhi piccoli e opachi. Nelle mani ha anche lui un quaderno. Lei pensa subito al suo nella valigia. La bozza di un libro. Una silloge. La poesia. La sua vera follia.

Non può restare in equilibrio un bambino rifiutato da sua madre. Non può un giovane uomo messo alle strette da suo padre, costretto a studi sbagliati. Internato con la forza e contro la sua volontà. Perché così si tolgono i pazzi dalla strada e tutti possono finalmente tirare un sospiro di sollievo.

È stata proprio sua madre a volerlo mandare via. Lui non riesce a capire l'ostilità di quella donna che lo ha messo al mondo per sbaglio o per un dispetto. E in effetti non è mai comprensibile l'ostilità di una madre verso il proprio figlio. È innaturale, crudele.

Dino sa quanto possa far male ricevere schiaffi da quelle mani da cui aspetti una carezza. Ma un figlio da amare, sua madre ce l'ha: è suo fratello. L'unico amato, compreso, accompagnato.

A lui invece è toccata la sorte del reietto. È dovuto impazzire per accontentarli tutti. Così si sono tolti il peso dalla coscienza.

È colpa sua se non lo ama nessuno: lui è il pazzo. L'irregolare. L'inadatto alla vita. L'inetto.

Suo padre ha tentato come poteva di salvarlo dal manicomio. Si è opposto a sua moglie. Una donna terribile, rigida anche nella fede. La sua religione fatta di regole, prescrizioni, penitenze e castighi da Inquisizione, l'ha tenuta al riparo dall'unico motivo per cui Cristo è venuto tra gli uomini: l'amore.

A lei basta andare alla Messa ogni domenica mattina con la testa coperta dal velo, inginocchiarsi davanti al confessore e recitare la filastrocca dei peccati veniali, ricevere l'assoluzione per sentirsi a posto con Dio, con la coscienza, con la famiglia dilaniata dai rancori e dalle incomprensioni che lei stessa con la sua austerità ha iniettato nella vita di tutti.

Suo padre ha provato a salvarlo dalla reclusione, dalle percosse, dagli elettroshock ma si è arreso quando lei ha minacciato di andare via.

E così è successo davvero: Dino è finito all'inferno.

L'annientamento del manicomio è totale. Un percorso senza via di ritorno. Lì dentro gli hanno portato via l'anima e la parola.

Dino a giorni è di nuovo il bambino non amato, in altri l'adolescente indeciso, irrisolto, a volte è un uomo impetuoso che agisce d'impulso e senza razionalità.

Sibilla non ha paura di lui perché ha confidenza con questo dolore che è stato già suo e di sua madre.

Si sono concessi solo tre giorni per conoscersi e amarsi.

Tre giorni che trascorrono in fretta, in altri momenti diventano eterni. Infiniti come le loro carezze. Ruvidi come i loro baci. Cisposi come occhi senza sonno.

Tre giorni nel letto a leggere i versi di lui.

Tre giorni in cui sente che può arrendersi a quel sentimento nuovo e indomabile. È un amore disperato a cui lui chiede speranza.

È un amore con le ore contate. Tre giorni e tre notti, «le più pervase d'infinito ch'io abbia mai vissuto...».

Arrivano presto altri giorni. Impetuosi. La gelosia trasforma il loro amore in odio. Il silenzio è più pesante delle parole, che diventano urla, schiaffi, lacrime e imprecazioni.

Sibilla prova con ogni mezzo a calmare quel cuore ammattito. Usa le buone maniere e lui la schernisce per quelle moine da donna. Prova con la forza e lui la chiama puttana.

La coppia di amici presso i quali sono ricoverati per una breve ospitalità la spinge a essere ragionevole: occorre un medico, lei deve allontanarsi. Lasciarlo è l'unica via di salvezza per tutti. Non può farsi carico della sua malattia. Ci penseranno loro a chiamare il padre o il fratello. Sarà forse necessario un nuovo ricovero.

Lei si oppone, davvero crede che possa salvarlo. Ancora crede nel loro amore.

A Ferragosto si ritrovano in un albergaccio. Sono di nuovo insieme, leggono e scrivono insieme poesia. Lui sembra calmo, poi una scintilla lo accende di nuova rabbia. Lei si allontana prudente. Pensa di aver imparato come si fa a gestire questa altalena di emozioni finché non fa troppo male.

Continuano a vedersi anche a settembre. Questa volta ai boschi preferiscono il mare. Se ne vanno a Marina di Pisa.

L'acqua che lustra, elimina le scorie tra loro. Sono ancora giorni di passione strappati a un destino avverso alla loro unione. Ma la passione si trasforma in impeto di violenza.

Dino è tormentato dal mal di testa e ormai non ragiona. La gelosia è come una sferza. La colpisce. Questa volta Sibilla sente che è finita davvero e ritorna a Firenze. Ma ancora si inseguono sul filo di parole roventi affidate alle lettere, a volte brevi dispacci che arrivano come frecce dritte al suo cuore.

E ci sono ritorni e partenze. Il Natale a Marradi: l'illusione di una più intima confidenza nel suo paese natio, nella sua casa. L'incontro con la terribile madre. L'asfissia mortale di un borgo che le ricorda la sua adolescenza, la violenza subita dall'uomo diventato suo marito. La solitudine e la ricerca inesauribile d'amore.

Anche questa storia come tutte le altre doveva finire con il suo strascico di dolore da inghiottire nel buio di una stanzuccia dove la scrittura la terrà al riparo da tutto. Almeno per un po'.

«Forse con Dino Campana, nelle brevi settimane del nostro incontro nel Mugello, nell'estate 1916, gli elementi dell'attrazione e della fusione erano stati infinitamente più profondi e tragici; ma appunto per ciò vennero subito consunti e incendiati.»

26.

Quando la nonna mi ha detto che Costanza si è svegliata, non ho provato niente. Ho cercato un sentimento qualsiasi. Niente. Avrà una ragione questa paralisi, ma io non cerco scuse. In questo tempo dell'attesa in cui ha dormito, dopo il volo dal balcone, si sono accesi tanti ricordi. La memoria accumula detriti che la mente a volte trasfigura. Costanza non lo sa, ma abbiamo fatto insieme un lungo viaggio senza che io avessi scelto di partire. Ho sempre cercato un posto in cui restare. Per ancorarmi a qualcosa di certo. Mettere radici come una pianta perenne, altissima e superba del suo fogliame che si dimena sulle note aeree del vento.

I medici al telefono non ci hanno voluto dire niente. Siamo rimasti nel dubbio che lei possa aver riportato qualche danno fisico o cerebrale permanente. Sarebbe un bel guaio. Saremmo costrette a ricominciare tutto daccapo lei e io. Il suo libro è in uscita tra meno di un mese, l'editore è preoccupato per la promozione, qualcun altro più cinico della casa editrice ci fa capire che se restasse in ospedale, potrebbe vendere qualche copia in più, rischiando addirittura di diventare l'autrice di un bestseller. La nonna si è arrabbiata, io invece mi sono fatta una bella risata. E ci voleva proprio. Mi ha rivolto uno sguardo compassionevole, avrà pensato che volessi espellere tutta la paura e la tensione accumulate in questi giorni. Invece io ridevo davvero. C'è sempre un lato comico del tragico. Guai a lasciarselo sfuggire.

"Che fai, non ti prepari? Andiamo a vedere tua madre come sta."

Mi ha detto con una certa solerzia. Il tono era imperativo e affettuoso. Mi sono infilata addosso la prima maglietta e un paio di jeans che avevo sulla sedia a portata di mano. Lei mi ha rivolto uno sguardo sott'occhio, un cauto rimprovero. Non sopporta la sciatteria. È sempre molto curata in qualsiasi circostanza. È anche questa una forma di ipocrisia.

"Eccomi."

Mi sono finta allegra e risoluta ma mi tremavano le gambe. Non avevo molta voglia di andare da lei. Avevo forse sperato che non tornasse più. Rabbrividisco di questo pensiero così disumano.

Entro in punta di piedi nella sua stanza, la numero centotré, al terzo piano di un edificio che sembra costruito con un solo blocco di cemento grigio. Il cielo s'insinua tra le sbarre alle finestre. Mi sento come la bambina che aveva paura di entrare nella sua camera quando era malata. Rivedo la zia che piange nel soggiorno, la flebo attaccata al suo braccio gonfio che si oppone al flusso del farmaco. Il senso di colpa mi paralizza.

Non sarò in grado di fare più niente una volta uscita da qui. Mi fa paura il futuro.

Arrivano pure ricordi piacevoli convocati dalla mia mente che cerca un conforto.

Le nostre vacanze a Sorrento dove andavamo almeno tre volte all'anno. La gita della Pasquetta in cui mi comprava qualsiasi cosa desiderassi: souvenir sempre uguali, bambole e saponette al limone. La passeggiata nella Villa profumata di agrumi, la sosta davanti al precipizio sul mare più blu che i miei occhi avessero mai visto. Le strade strette del mercato affollate di turisti inebetiti dalla bellezza, sempre sorridenti. Un assaggio della vacanza estiva che prevedesse una permanenza di quindici giorni tra luglio e agosto. A settembre tornavamo per gli Incontri del Cinema, quando il paesaggio incominciava lentamente a cambiare, i bagni ci davano qualche brivido, il sole spariva presto dietro la costa. Di pomeriggio andavamo al cinema a vedere i film in lingua originale. Mi addormentavo o resistevo per meritare un gelato. Lei non cedeva, non si accontentava che la accompagnassi, voleva appassionarmi a quel mondo.

Così mi indicava gli attori presenti in sala, il critico Gian Luigi Rondi con il quale ebbe uno scambio su un film, mentre io la strattonavo reclamando il mio premio.

A Sorrento, nelle sere settembrine cariche di nostalgie, lei scriveva poesie.

«Sorrento è davvero il luogo ove il mio spirito ha vissuto più intensamente (...). In nessun altro credo proprio si sia prodotta in me un'accensione lirica così forte per un complesso di situazioni intime che trovarono nell'incantato paesaggio un incentivo ineffabile alla poesia.»

Amava Sorrento come Sibilla che nel suo soggiorno del 1912 si era legata allo scrittore Vincenzo Gerace e aveva conosciuto tra gli aranci Gor'kij e Croce.

Faccio qualche passo, esito al suo cospetto. Tremo al suo respiro pesante. Dorme un sonno stupefatto. Mi sembra che non sia cambiato niente. Ho solo voglia di andarmene, di liberarmi da quest'angoscia.

All'improvviso lei si sveglia, apre gli occhi piano, non mi riconosce o forse ha deciso di punirmi ancora.

«Quattro anni erano scorsi dalla sua entrata nel tetro luogo. Ella non ci riconosceva più affatto, non aveva più ricordo, nessuna luce negli occhi, ripeteva un gesto infantile delle mani per tastare le stoffe, i nastri e le acconciature nostre; e un linguaggio a monosillabi in una gola affiochita era tutto ciò che distingueva le sue manifestazioni da quelle di un bimbo di un anno.»

Ritornano nitide alla mente le parole con cui Sibilla descrive la visita alla madre in manicomio e per un attimo sono lei.

Mi fa cenno di avvicinarmi al suo letto, a fatica conquista la posizione seduta facendo leva sulle braccia troppo magre, cerca le mie mani, m'infila le unghie nella pelle. Avverto un bruciore sottile. Vorrebbe dire qualcosa ma piange.

Allora parlo io.

"Domani si ritorna a casa" le dico piangendo.

27.

Via Margutta 42. Adesso Costanza vive qui. Non lo so se ci è capitata per caso ma è la prima cosa che mi dice al telefono.

Dieci anni fa, quando si è risvegliata dal coma, dopo il tentato suicidio, ha provato a rientrare nella sua vita di sempre ma non ce l'ha fatta. Anche i nonni e io abbiamo avvertito subito l'attrito doloroso tra il prima e il dopo. Impossibile rimediare a quella deformazione delle nostre vite. Insistere sarebbe stato peggio, ci avrebbe procurato altro inutile dolore. Ognuno di noi voleva respirare aria nuova. Eravamo pronti a ripartire. Ne avevamo diritto tutti. Dovevamo mettere una distanza tra noi per essere finalmente liberi.

Ci siamo fatti del bene. Nessun pianto, nessuna recriminazione. Sciolti dal peso del passato, senza più vincoli.

Lei è partita con un bel sorriso e una valigia mezza vuota. Per la prima volta convinta di andare via davvero. È iniziato così il suo lungo viaggio attraverso l'Italia: altre città, altri uomini, altri amori, un nuovo editore. Per me ogni tanto qualche lettera e un pensiero costante.

Il nostro consueto scambio di libri anche a distanza. Io per lei come Walter per Sibilla. Volutamente lontani. Senza rancore. Senza ricatti. Senza pesi né inutili angosce.

Io ho continuato la mia vita per una strada diversa: nessuna eccentricità, nessuna ambizione pericolosa, nessun amore clandestino o tradimento, nessuna fuga. Ho conseguito la laurea in Lettere, mi sono innamorata di Marco, un ragazzo solido, con i piedi per terra.

La telefonata di Costanza alle sei del mattino mi ha scossa dal torpore di una notte inquieta. Mi capita ancora di lasciarmi sorprendere dal buio per le ferite non ancora sanate, legami che continuano a stringere, ricordi che mi attraversano per vie sotterranee.

Un sogno all'alba, quasi una premonizione: io inseguita da ombre in un vicolo senza luce con l'affanno che preme sul petto, il respiro che arranca, il desiderio di mettere fine alla sequenza incongrua di immagini, incapace di aprire gli occhi fino all'ultimo fotogramma.

Di giorno ormai la mia vita è serena. Costanza mi ha lasciato le chiavi per affrontare ogni inciampo. Per lei sono stata la bambina precoce, la prima della classe, la studentessa modello, la prima laureata del mio corso. Grazie a lei sono stata disperatamente felice e felicemente disperata.

La passione per la lettura ha dato i suoi frutti. Adesso sono un'insegnante, una donna appagata che ha inseguito un desiderio abbordabile. Ogni giorno affronto con i miei studenti pagine di scrittrici e scrittori e mi diverto. Sto bene. Penso che la letteratura aiuti più chi legge che chi scrive. Non ho mai detto loro che sono figlia di una scrittrice un po' per pudore, ma soprattutto per imbarazzo a parlare di lei e di un passato da cui sono fuggita. Ho sposato Marco che si è sempre nutrito di numeri e formule. Anche lui è un insegnante. La nostra vita insieme è facile. Abbiamo una casa accogliente e un balcone sempre pieno di piante e di fiori. Dividiamo un piccolo studio arredato in modo moderno. Nel fine settimana ci riposiamo o andiamo al mare in tutte le stagioni. Apprezziamo la buona cucina, il cinema e il teatro. Non ci sono conflitti nel nostro presente. Ci godiamo la nostra quiete senza avere altra ambizione che stare bene. Ho fatto pace con la bambina tormentata. Ho scacciato il demone della follia dalla mia esistenza, assestandomi in una vita regolare. La vita che Costanza non ha avuto per inseguire il demone della scrittura.

Ma lei riesce a turbarmi ancora. Ancora mi fa tremare.

Ho preso il primo treno per Roma. Ho attraversato Napoli in un'alba notturna. Le luci ancora spente. La strada fragile sotto i miei passi che imprimono impronte nell'asfalto.

Torno da lei con una gioia nuova, ma non so cosa aspettarmi. Non ho ancora deciso se e quando glielo dirò.

28.

Una piantina di primule in fiore. È il regalo di Alba per Sibilla. «La sola cosa viva nella soffitta oltre il mio cuore» scriverà nel *Diario di una donna*, in cui raccoglie i suoi pensieri e le esperienze dell'ultima stagione della sua vita dal 1945 al 1960.

Il suo *lessico famigliare*, che incrocia la storia e la cultura italiana di quegli anni ricchi di incontri, amicizie, speranze, delusioni.

È un momento importante per l'Italia che affronta la Ricostruzione. C'è molto fervore, entusiasmo, tensione politica e ideologica. Con Palmiro Togliatti, Giacomo Debenedetti, Concetto Marchesi, Cesare Pavese, Pier Paolo Pasolini, Fausta Cialente, Elsa Morante, Natalia Ginzburg, Camilla Ravera, Ada Gobetti, Anna Banti, Sibilla intrattiene rapporti d'amicizia autentici e duraturi fino ai suoi ultimi giorni.

Una primula rossa. Fiorita, allegra, profumata. Sul davanzale della grande finestra che guarda il Pincio. Alba de Céspedes ha pensato di consolare così la sua amica che ancora soffre per amore.

La soffitta di via Margutta è un luogo di pace dove si placa il suo tormento. La sofferenza per un uomo sbagliato: Franco Matacotta, il poeta, di circa quarant'anni più giovane di lei.

«L'ultimo mio grande dolore, scontato, sepolto. Egli non ne ha avuto mai coscienza.»

Si sono conosciuti nel 1936. Un sentimento durato dieci lunghi anni che ormai si sta sfilacciando. Le crepe sono sempre più evidenti.

Matacotta, tormentato dall'ombra dell'insuccesso, è sprofondato in un malessere inguaribile. Sibilla sente che lui se ne sta andando. La fine della loro storia le fa mancare il respiro.

Si sono amati tra Napoli, Capri, Sorrento, Amalfi, Ravello. Luoghi che le sono rimasti impressi nell'anima. Anche nella soffitta i ricordi si accendono improvvisi. Senza un motivo. Ripensa alle notti capresi. La felicità è insostenibile quando la assapori e diventa necessaria come l'aria. Non immagini di poter vivere in apnea.

Ma le notti capresi con Matacotta sono eccessive, troppo felici, al punto che lei desidera passino in fretta senza lasciare alcun segno. Non sa più vivere senza di lui. Franco ha tracciato un nuovo confine nella sua vita. Socchiude gli occhi, stretta tra le sue braccia, sorveglia la luce indecisa della luna nuova che dorme appollaiata sui Faraglioni. Il mare è un incanto sinistro e struggente, anche se non ha voce stanotte.

Il giorno dopo vanno a Napoli. Si perdono tra le stradine che qui chiamano vicoli. La ragnatela ordinata del tracciato antico della città li sorprende.

«Napoli stessa con la sua vita irruente, la sua folla, i suoi teatri, le sue carrozzelle» li stordisce con la sua ferocia.

Si abbandonano ebbri alle sue voci alte, scomposte, melodiose. Ascoltano la canzone d'amore che arriva dal mare solo alle orecchie degli innamorati. Nel punto in cui i Quartieri Spagnoli confinano con via Toledo si danno un bacio prima di separarsi. Lui torna a casa a chiudere i suoi versi, lei s'incammina veloce verso la piazza del Plebiscito. Va a vedere il Gambrinus, il caffè più importante della città, luogo d'incontro di intellettuali, artisti, poeti, dove è andata in scena la Belle Époque in tutto il suo splendore.

L'oro degli stucchi e i cristalli degli imponenti lampadari fanno dimenticare la miseria e la sporcizia dei quartieri popolari.

Tutto quel fetore che si mescola con l'odore del mare. Napoli convive con tutti i suoi volti. Sembra pacificata mentre cova la ribellione in quei contrasti insanabili. Napoli somiglia alla sua inquietudine: anche in questi giorni felici con Franco non si placano i suoi turbamenti.

Come in un sogno, a un tavolo del Caffè, nella sala più interna, le sembra di vedere Matilde Serao con Eleonora, la divina che ha fatto perdere la testa al suo d'Annunzio. Donne audaci, coraggiose, libere chiacchierano sulle note del pianoforte, assaporando con gusto babà e sfogliatelle. Aspettano impazienti il caffè servito da Ciccillo, il cameriere smilzo e un po' sfrontato a cui non sfugge niente. Davanti a lui Gabriele ha scritto per una scommessa il testo dell'*A vucchella* direttamente sul marmo del tavolino del Caffè.

Prova a scacciare via la nostalgia di quei giorni in cui Napoli le ha toccato l'anima con il suo Matacotta, pensando alla nuova libertà della ritrovata solitudine.

Si affaccia alla finestra per annegare lo sguardo nei rami brevi e folti di pini e cipressi che ondeggiano nel vento lieve su Roma. Anche seduta al suo tavolo o dal divano riesce a rincorrere gli sciami di uccelli che hanno eletto a nido le chiome accoglienti degli alberi del Pincio. Una vista struggente. «M'incanta, mi smaga» pensa, e la felicità torna a illuderla. È solo un attimo ma quanto può durare le basta. Inafferrabile. Solo la poesia può fermarla. Deve scrivere adesso. Almeno un verso.

Eppure, in Franco, il suo ultimo enorme errore, ripone ancora la speranza: che possa essere lui l'erede cui affidare i suoi versi.

Più del suo amore, incostante e ormai inaffidabile, conta adesso assicurare una continuità alla sua scrittura. La paura più grande di questi ultimi fervidi anni è solo questa: essere dimenticata «nonostante tutte le parole dette e scritte».

Nella soffitta di via Margutta 42, Sibilla arriva nel 1925, dopo infiniti vagabondaggi tra case, alberghi, ospizi, lungo l'Italia e altrettanti infiniti caduchi amori.

Qui imprime i suoi passi che si fanno progressivamente negli anni più incerti, qui recita i suoi versi alle pareti spoglie delle stanze vuote. Quando può, si circonda di fiori: primule, azalee rosse, tulipani gialli, giacinti bianchi e violacei, fiori di mandorlo, rose rosse. Sono un suo vezzo a cui non rinuncia nonostante spesso non possa permetterseli.

La soffitta diventa luogo di incontro di amici, meta di pellegrinaggio di scrittori e poeti, alcova del suo ultimo e doloroso amore che si trasforma negli anni in un'amicizia ambigua e irrinunciabile. Nonostante faccia male e sia un rapporto che il tempo e le comuni passioni hanno ammalato.

Avviene proprio qui, nella soffitta, lo strappo.

Lui è arrivato di mattina presto. Ha ormai quest'abitudine: viene e va quando vuole. Spesso senza preavviso. Lei annulla ogni impegno per restare con lui. Così questa mattina Sibilla non immaginava di trovarlo davanti alla porta della soffitta a chiedere ospitalità dopo giorni di silenzio e lontananza in cui lei ha provato a non soffrire. Eccolo, appena lei si illude di potercela fare, arriva come se volesse provocarla, impedirle di staccarsi da lui. Sibilla resta in piedi sulla soglia a fissare i suoi occhi. Lo trova ingrassato e poco attraente. Eppure, lo ama, continua ad amarlo.

Prende fiato, lo invita a entrare e gli mostra il volume sul tavolo: è il suo diario appena pubblicato e da cui lei si aspetta un po' di successo.

"È quasi un miracolo che un editore abbia scommesso su un libro così. Non è un romanzo né opera di poesia. Eppure, qualcuno ha pensato che potrà farcela a vendere qualche copia" gli dice scherzando per accendere la loro antica complicità.

"Nessun miracolo. Se fossi un editore farei a gara con gli altri per essere io l'editore di Sibilla Aleramo."

"Cosa devi dirmi, Franco?" taglia corto con una domanda diretta per mettere fine a quest'agonia. Ormai non hanno il coraggio di confessarselo ma tra loro è finita, lei lo sa da un pezzo.

"Adesso mangiamo qualcosa. Ne parliamo più tardi" dice lui conciliante.

Lei non si oppone, ma non vuole la sua pietà tradita dalla voce appena incrinata. Aspetta ubbidiente che si faccia sera. Quando cala il buio, dopo qualche bicchiere di vino, Franco è più disponibile a lasciarsi andare. E lei vuole sentire la verità per trovare il coraggio di fare a meno di lui per sempre. Ogni volta che lui sale alla soffitta, lei apparecchia la tavola per dividere con lui l'ultimo quarto di vino rosso e un pezzo di formaggio di cui è ghiotto. Lo tiene da parte per lui ma non se ne avvede. Pensa sia successo per caso. Preferisce ingannarsi per non cedere ai suoi sentimenti.

Quando arriva la sera Sibilla s'immalinconisce, rischia di finire nella ragnatela del suo amore per lui. Si distrae però con il pensiero della nuova pubblicazione. Nelle pagine del diario ha raccontato la sua storia con Matacotta per l'editore Tumminelli. È un progetto appassionante, a tratti le fa anche paura, ma le infonde nuova speranza in un futuro sempre più breve. Avere un progetto è una forma di resistenza al trascorrere del tempo che si assottiglia. Sente avanzare un'epoca nuova e più breve. Le forze iniziano a mancarle, la lombaggine la affligge nei giorni più difficili. L'indigenza la umilia e le rende la vita insopportabile.

La povertà è un lusso che gli anziani non possono permettersi.

Ma non è una sera come le altre, la sera del 7 maggio 1945. La prima insieme dopo tante che Sibilla ha trascorso da sola con gli occhi fissi sulla parete bianca di fronte a lei, inseguendo un pensiero contorto, un groviglio che non sa più sciogliere.

Per tutto l'anno si sono rincorsi, lasciati, sono tornati insieme per separarsi ancora.

Di Franco ormai sa tutto, è in grado di spiare nei suoi pensieri più nascosti e segreti. La sua presenza è oppressiva, dolorosa. Le parole tra loro sono cariche di risentimenti e non detti. Lui tenta di addolcire i toni con una confidenza:

"Sono a Roma per incontrare il marito di Alba. Forse lui potrà aiutarmi a ottenere il posto di insegnante fuori d'Italia".

"Perché devi andartene?" sussurra lei greve. La voce squillante d'un tempo è soffocata dal dolore.

"Voglio cambiare vita. Di questa non so che farmene. Non ho trovato un editore per il mio romanzo. Devo ricominciare da qualche parte."

"L'ho affidato a Pavese che presto potrà dirci qualcosa e indirizzarti."

"Non mi illudo che gli piaccia. È stato già rifiutato da molti editori. Ogni volta ricevo uno schiaffo. Non so quanto valga la pena di insistere. Forse non è questa la mia strada. Ho deciso di sposarmi quest'estate appena le scuole chiuderanno. Mi sono *fatto uomo e uomo normale*."

È un colpo basso a cui Sibilla reagisce solo con un cenno della testa. Lui le offre la fronte. Pretende un bacio di riconciliazione. Lei cede, tutto quello che accade tra loro è privo di qualsiasi logica. Nessuna donna potrebbe accettarlo facendo silenzio invece di ribellarsi.

«La cosa enorme (e insieme miserevole) è questa, ch'io metto qui come una pietra sepolcrale: ch'egli non intenda né *senta* quel che ha perduto perdendo l'amore ch'io nutrivo in cuore per lui da oltre dieci anni.»

Sibilla sta soffrendo ma ha un pensiero incongruo: desidera una rosa rossa per addolcire questo dolore. Ci saranno altre notti insonni a inseguire fantasmi. Franco e la sua sposa. Una donna giovane e bella. Una scelta approvata dai genitori di lui da sempre preoccupati per la sua relazione con lei, troppo anziana, troppo libera, con una vita fuori dagli schemi. Non hanno mai compreso il suo amore per la scrittura, ma Franco adesso ha deciso di mettere la testa a posto. Si è *fatto uomo e uomo normale*. Gliel'ha appena detto. Si sposerà proprio a Capri in un ottobre piovoso e avaro del 1947.

29.

Il portoncino di legno adatto a una chiave robusta, nell'atrio la statua di bronzo di una coreuta, la rampa di gradini alti, tre piani: al primo, una pensione modesta dove si dorme soltanto, al secondo un'antica dimora di una coppia di anziani e poi su, al terzo, la soffitta.

Via Margutta 42. Sibilla ha abitato qui.

«Il grande vano con le travi nere in alto e le tegole bianche, ha il suo aspetto di cappella rustica e di capanna, cara, cara soffitta, decorata e confortevole e piena di sortilegi sottili, con le tre note dominanti, la turchina, la dorata e la verde, e tanta pace.»

La terrazza sulla strada rumorosa di voci. Vite che a volte la distraggono dalla sua scrittura, ma le tengono compagnia.

"È il mio definitivo approdo" mi dice scherzando mentre prepara il caffè.

"Ti ho portato le sfogliatelle."

Le allungo il cartoccio con i dolci di ricotta, profumati di vaniglia e cannella, ancora fragranti. Ci sediamo senza guardarci negli occhi. C'è imbarazzo tra noi, il tempo logora anche il tessuto più resistente.

"Da quando ho sfiorato lo Strega," mi dice "la mia vita è cambiata. Ho speso tutti i miei giorni a cercare il romanzo perfetto."

Non è mai contenta. La nonna continua a pensare che sia pazza. Mi scongiura di starle lontano. Mi chiede di dimenticare perfino il nome di mia madre. Mi chiede una cosa impossibile. Pazza come Sibilla, come Dino Campana. Pazza dentro un matrimonio che diventa una gabbia. Costanza si è autodenunciata: "Non ero in grado di intendere e di volere" ha giurato con la mano aperta sul petto. Pazza. Grazie alla falsa testimonianza le è stato accordato lo scioglimento del sacro vincolo. Pazza e si sono tolti il pensiero tutti quanti. E a ogni minimo deragliamento ha trovato sempre qualcuno pronto a ricordarglielo: sei pazza.

«La società non mi perdona proprio questo, non mi perdona ch'io vada sola e indifesa, io donna, e così condanni implicitamente, s'anche in silenzio, il suo modo d'essere, e le sue corazze, i suoi pugnali, i suoi veleni. Non mi perdona e si vendica, ed è logico.»

"Non è una vita da eroina, quella della scrittrice è la vita di chi sbaglia indirizzo ogni giorno. Poi arriva il momento, unico e irripetibile, in cui ti viene l'idea giusta, trovi le parole e le immagini. È uno stato di grazia. Lo aspetto da sempre, sto lavorando a un nuovo progetto ma *temo di essere vissuta invano, di non lasciar alcun segno*."

Parla perfino con le parole di Sibilla. Come lei ha masticato delusioni, rifiuti, prevaricazioni.

Il suo corpo è smagrito, ormai da anziana. Restiamo in silenzio per un po' mentre lei annusa l'aria, cerca indizi, si siede al tavolo dove era seduta Sibilla circa un secolo fa.

"Questa soffitta mi ha trasformata" mi dice con un malcelato sentimento d'orgoglio.

"Sibilla ha abitato qui per vent'anni, sopportando il freddo, l'umidità e ogni genere di disagio ma vi ha lasciato impressa la sua energia" aggiunge guardandosi intorno per dare forza alle sue parole.

«C'è il mio spirito su ogni trave su ogni pianella su ogni traccia del tempo... La mia solitudine, qui, non è mai totale, è ricca, è profonda, ha risonanze musicali infinite... Questa soffitta, è come un mio libro, come una serie di mie liriche...»

Si alza e prende un volume dallo scaffale di legno scuro. È il *Diario di una donna* di Sibilla Aleramo. Ormai introvabile. Ne abbiamo due copie preziose. È stato uno dei suoi ultimi regali, prima di andare via, e io non ho mai smesso di cercarvi un suo messaggio per me.

Negli anni abbiamo continuato a leggere gli stessi libri. Distanti. Abitando le nostre vite distoniche. Aggrappate a dolori indigeribili. Unite solo dalle parole. Da un libro all'altro la nostra vita si cuciva come un unico tessuto.

In alcuni giorni scrivere è stata la sua maledizione. Ma la sua scrittura è stata il nostro filo d'Arianna. "Da un capo all'altro delle nostre vite" ha scritto una volta in una poesia che mi è piaciuta tanto.

Pensava di raccontare la vita mentre la vita scriveva i suoi libri.

Ma non è stata una buona idea attraversare la vita scrivendo pagine che sanno troppe cose di noi.

Forse per questo ha tentato di fermarmi da bambina quando ero troppo innamorata delle parole. Voleva che almeno io mi salvassi consegnandomi a una vita normale. Uguale a quella di tutte le altre donne.

"Le donne comuni soffrono meno" diceva. "Non leggere troppo perché la lettura è il veleno che ti inietterà nel sangue la ribellione." Io restavo a guardarla a bocca aperta per quel divieto incomprensibile. Non ci sono riuscita. Ho letto tanto. Ho letto tutti i suoi libri. Ho letto tutti i libri di Sibilla Aleramo che è diventata il collante delle nostre vite fuse e confuse in un unico nome di donna. Ma ho rifiutato con tutta me stessa quel furore. Il fuoco sacro della scrittura cui mia madre ha sacrificato la sua vita. Avrebbe sacrificato anche me se gliene avessi dato l'opportunità. Mi sono opposta fermamente con il mio desiderio di una vita borghese, modesta, solida, quieta. Mediocre secondo il suo giudizio. Desiderabile secondo il mio. Ho protetto il mio equilibrio tenendomi lontana da lei. Fino a ritrovarla proprio qui, in questa soffitta. Impossibile non cedere al dubbio che Sibilla ci abbia condotte fin qui perché finalmente ci ritrovassimo.

30.

Per mesi non fa che pensare al Premio Viareggio. Immagina il momento della proclamazione. Dovrà farsi cucire un abito nuovo con gli ultimi spiccioli. Vede suo figlio in fondo alla sala che applaude orgoglioso con le lacrime agli occhi. Sente che ha meritato questo riconoscimento anche se tardivo. Arrivato negli ultimi anni dopo tanta sofferenza. Ma soprattutto ne ha bisogno per capire se sia valsa la pena di darsi tutta, completamente, alla scrittura. Anche Walter ha diritto di sapere, lui che ne ha pagato il prezzo con una separazione di circa trent'anni da sua madre, ascoltando ogni tipo di maldicenza su di lei e soccombendo al divieto di suo padre di incontrarla.

Ma la speranza nel premio ha anche una diversa natura: Sibilla ha bisogno di soldi. Negli ultimi anni, nonostante le svariate collaborazioni a riviste e giornali, i diritti d'autore maturati dalle vendite delle sue opere, la sua indigenza si è fatta più aspra.

Da qualche mese sta aspettando un contratto con «l'Unità». Palmiro Togliatti ha perorato la causa della compagna Aleramo presso il giornale. Il 6 gennaio del

1946 Sibilla con una lettera ha richiesto l'iscrizione al Partito comunista «come il coronamento della mia vita di scrittrice e di donna» scrive nel diario. Ha lavato quella macchia che l'aveva condotta dinanzi al Duce per ottenere un piccolo vitalizio. La sua amicizia con Togliatti durerà fino alla morte come la sua fede nel comunismo.

Si è ritrovata a desiderare tutto: un cappellino o un vestito nuovo, una camicetta, un mazzo di rose rosse, un paio di scarpe comode per i suoi piedi stanchi. Le amiche si sono strette intorno a lei, ognuna ha offerto un proprio contributo con discrezione perché la povertà sa essere umiliante. Piccoli doni: dolciumi, fiori soprattutto, qualche abito dismesso purché in buone condizioni che lei si fa adattare da una brava sartina.

D'inverno la soffitta diventa gelata e lei non ha i soldi per l'olio della stufa. La dispensa è quasi sempre vuota, per fortuna sono frequenti gli inviti a pranzo e le cene mondane.

Ha fatto due conti: con i soldi del premio potrebbe vivere dignitosamente, consentendosi qualche conforto e piccolo lusso per almeno dieci anni. Come poteva non aggrapparsi a questa nuova, ultima speranza?

Forse per questo non smette di pensarci. Si è affidata a Giacomo Debenedetti e Concetto Marchesi che sono nella giuria e non le hanno mai nascosto la loro sincera ammirazione. Credono nella sua scrittura e pensano che quel premio le spetti. Se non fosse così, lei non lo vorrebbe. Sarebbe pronta a rifiutarlo.

È un orizzonte di futuro ora che si assottigliano gli anni, il tempo della sua vita è in scadenza. Le gambe ogni giorno più pesanti, i piedi deformati dalle scarpe vecchie, i dolori nelle ossa più forti con qualsiasi tempo e stagione dell'anno.

La fatica fisica dello scrivere lei prima d'ora non l'aveva mai sentita, adesso il percorso della mano sul foglio è più lento e difficile. A giorni insostenibile. Eppure, è necessario per lei continuare, affrontare lo sforzo con coraggio. La scrittura è stata ed è la sua ragione di vita. Forse perché alle donne si chiedono sempre scelte radicali senza una via mediana. E una scrittrice non può essere una buona moglie e madre. Anche lei ha dovuto scegliere, non le è stato concesso di tirarsi indietro quando avrebbe voluto per non rinunciare a suo figlio.

Ha scelto di scrivere ma in alcuni giorni la scrittura non le restituisce niente. Così le ritorna quel dubbio di aver vissuto inutilmente.

L'albergo è modesto. Già questo le sembra un segnale poco rassicurante. Ha deciso che aspetterà nella sua camera il verdetto dei giudici. Solo all'ultimo momento si è convinta e li ha raggiunti dopo aver indossato il vestito di seta leggera blu notte. Nel giardino ci sono profumi di fiori diversi, dolci e aspri, che le fanno girare la testa. Una cena gustosa viene servita ai tavoli da camerieri azzimati nelle loro livree. Il vino è abbondante. Ha un cattivo presentimento che l'ha assalita nelle prime ore dell'alba e ha interrotto il suo sonno inquieto, ma ha deciso di non farsi scoraggiare da nessun pensiero negativo.

La proclamazione arriva all'ennesimo brindisi e la coglie di sorpresa mentre è quasi incosciente. Proviene dalla radio, dalla voce metallica di un annunciatore anonimo. Il Premio Viareggio è stato assegnato a Elsa Morante e Aldo Palazzeschi. La notizia è per lei paralizzante ma riesce a far finta di niente facendosi forza con tutta sé stessa. Per lei, apprende, stordita e incredula, è stato creato il Premio Versilia per la poesia. Dovrà accontentarsi di trecentomila lire.

Incassa questa pesante umiliazione bevendo. Più volte fa oscillare il calice pieno pericolosamente ma nessuno si accorge del suo stato d'animo forse perché lei lo nasconde bene ridendo e fingendosi ubriaca.

"Sono molto amareggiata" confesserà più tardi a Giacomo Debenedetti che la accompagna in albergo.

"Ti comprendo, amica cara" le sussurra lui con una dolcezza nuova nella voce morbida. "Sono dispiaciuto anch'io. Ma non c'è stato modo, credimi, tuttavia ti esorto a ridimensionare l'accaduto. Non sarà questo o un altro premio a decidere il tuo valore."

Ma il suo sconforto è inconsolabile. Una ferita inguaribile fino alla fine dei suoi giorni.

31.

L'appuntamento è tra un'ora. Non sa se lo riconoscerà. Walter è ormai un uomo. Cosa sarà rimasto in lui di quel bambino che ha lasciato quando aveva appena sette anni? Si fa tormentare dal pensiero di non aver saputo mantenere la promessa più importante della sua vita.

"Resisterò per te, amore mio."

Non ce l'ha fatta. Ricorda gli occhi cattivi dell'uomo che non avrebbe dovuto sposare. Ricorda la notte in cui è rimasta a vegliare per l'ultima volta il respiro leggero di suo figlio. La valigia in un angolo della stanza. I passi veloci verso la libertà in un'alba senza sole. Il rimorso, la sofferenza. La nostalgia. Un tormento durato trent'anni. Per fortuna ci sono state le lettere a mantenere un legame tra loro. Debole, sottile. Ma un legame è pur sempre un legame per non perdersi.

Walter ha letto tutti i suoi libri. Questo lei non l'aveva immaginato. Così ha colmato la loro distanza inasprita dai divieti di un padre dispotico e autoritario che gli ha vietato perfino lo scambio epistolare con sua madre. La sgualdrina, il lavatoio sessuale degli italiani – come l'aveva definita Prezzolini – priva di affetto, che non si è fatta alcuno scrupolo di abbandonarlo. Ma se è vero che le madri non sbagliano mai, altrettanto vero è che i figli percepiscono l'amore materno con un istinto quasi animale.

Se suo padre lo avesse visto leggere e sottolineare quei libri proibiti – perché di sua madre gli è stato vietato anche il nome per anni impronunciabile e per questo più desiderato, più atteso – sarebbe impazzito. Walter è stato scaltro e ha saputo nascondergli tutto: i libri, le lettere, i suoi sentimenti verso la donna che con amore lo ha messo al mondo e lo ha accudito nei suoi primi sette anni di vita.

Adesso che lo sa, Sibilla pensa che niente è andato perduto tra loro. Si sente per la prima volta al sicuro. Suo figlio ha messo in salvo la sua sopravvivenza. Ci sono stati i suoi libri a sostituire la voce, le mani sui riccioli morbidi del suo angelo bambino.

Si sono incontrati la prima volta dopo una separazione di trenta infiniti anni. Ci sono voluti altri dieci anni per rivedersi. Lui l'attende all'ingresso del salone dove si terrà la cerimonia in suo onore. In realtà non era sicura di trovarlo lì e quasi non lo riconosce per come è invecchiato e per i baffi che gli incorniciano le labbra carnose. Allunga una mano per accarezzare le sue guance ispide ma subito la ritrae. Vorrebbe parlargli dei suoi sentimenti per lui che tutti quegli interminabili anni non hanno potuto fiaccare. La privazione li ha irrobustiti e resi più veri.

Il tempo trascorso adesso lo mostrano i corpi: una giovane madre e un bambino diventati un'anziana e un uomo maturo. Basterebbe lasciarsi andare senza ragionarci troppo, ma Sibilla è timorosa di essere invadente.

Walter è inibito dalla censura che è calata sul suo affetto per sua madre e sulla libertà dei suoi sentimenti. Appena la vede, le mette un biglietto tra le mani con i titoli dei suoi libri, sotto ha scritto: "Li ho letti tutti". Una dichiarazione d'amore. Avanza leggera tra due ali dischiuse di folla, come una giovane sposa va verso l'altare, tra applausi festosi. Raggiunge il tavolo e riceve l'onorificenza con gli occhi allagati di luce. Lo guarda. Lui è rimasto in piedi con il corpo schiacciato sulla parete, gli occhi febbrili, le gote avvampate. Applaude con foga, mostra il suo orgoglio unendosi alla generale ovazione. È il premio più grande. Tutta quella folla che si è messa in piedi lei non la vede. Vede solo suo figlio e il suo cuore quasi si ferma per la felicità. Nessuno può sapere cosa accada in quell'istante. Che gioia rechi questa silenziosa riconciliazione. La madre e il figlio, la scrittrice e l'uomo, si sono finalmente ritrovati.

32.

Come siamo arrivate fino a qui?, vorrei chiederle ora, mentre le sue dita giocano con una ciocca di capelli in un vezzo giovanile. Il suo sguardo mi appare diverso, gli occhi cisposi sembrano essersi appena svegliati da un sonno lungo quanto gli anni che ci hanno tenute distanti.

Ci sediamo, l'una di fronte all'altra, al grande tavolo di legno massello ingombro di fogli, matite, appunti. Le chiedo soltanto con un soffio di voce:

"Stai scrivendo?".

Non glielo dico che quel giorno, in cui è volata dal balcone, avrei dovuto tenerle la mano invece di fuggire. Non glielo racconto che quel dolore mi ha lasciato un grumo in fondo al petto per troppi anni.

Le chiedo soltanto se ha ritirato le sue dimissioni dalla scrittura, l'unica cosa che ha contato davvero per lei. Ha dovuto lasciar andare quasi tutti quelli che ha amato. Loro impegnati a vivere, lei sempre persa a inseguire una storia da scrivere. Si è smarrita. Ha quasi dimenticato di stare al mondo. «Scrivere come in sogno, non sapendo quasi di scrivere.»

I suoi occhi si accendono di un lampo di gratitudine.

"Sì," mi risponde "ho finalmente finito il nostro romanzo." E si alza con la solennità di una Vestale ammessa a custodire il Fuoco Sacro. Prende un mucchio di fogli tenuti insieme da un elastico da uno scaffale e me li mostra fiera. Poi si avvicina alla vetrata per prendere aria, forse le manca il coraggio di andare fino in fondo.

Perché mi hai convocato qui, in questo luogo diventato un ricettacolo del tempo?, vorrei chiederle, ma resto zitta. Lei, in piedi, guardando fuori dalla grande finestra si distrae come se volesse scacciare un pensiero molesto.

«Ho rivisto poco fa, malgrado il piovisco, lo svolio degli stornelli sugli alberi del Pincio, di là dal finestrone. Devono esser appena tornati, fedeli al mio cuore.»

Poi all'improvviso si gira verso di me.

"La stanza," mi dice "non è riscaldata e a quest'ora fa freddo perché il sole ha già inclinato i suoi raggi. La sua luce è opaca come è stata la mia scrittura per molto tempo. Ma ho mentito a me stessa quando ho promesso che avrei lasciato perdere. In tutto questo tempo trascorso, durante il mio volontario esilio dalla vita ho sempre scritto. Di giorno e di notte, senza mai riposare. Senza fare sconti ai miei errori, alle mie debolezze. Ho accumulato tanti rifiuti e fallimenti ma alla fine il romanzo perfetto è arrivato."

"È una notizia bellissima" le dico, battendo le mani come una bambina.

"Questo romanzo è stato angoscia e speranza, sogno e vertigine" mi dice facendosi seria all'improvviso. "A questo libro ho dedicato tutto. Come credo si debba fare ogni volta. Come ha sempre fatto Sibilla pur di scrivere qualche verso degno di sopravviverle ancora."

Mi affida un foglio piegato a metà, le mie dita inciampano nelle rughe della carta mentre tento di aprirlo. "Leggi" mi esorta con un piglio risoluto della voce.

È la mail del suo editore: le annuncia che in primavera lo pubblicherà. "È un romanzo potente di chi non ha mai mollato" scrive complimentandosi.

"Alla fine, ce l'abbiamo fatta" le dico avvicinandomi al suo corpo profumato di rosa e vaniglia. Ognuna per la sua strada, inseguendo vocazioni diverse. Libere di scegliere. Abbiamo scritto insieme il lieto fine delle nostre storie.

Le prendo la mano esile e la porto sulla mia pancia. Lei avverte subito il calore della vita nuova.

"Son qui anche per questo" le dico stringendola tra le mie braccia.

Lei mi guarda come se mi vedesse per la prima volta. Come se si accorgesse soltanto ora che sono tornata.

Nota al testo

p. 12 «E io vidi il corpo di mia madre...»: Sibilla Aleramo, *Una donna*, Feltrinelli, Milano 1977, p. 21.

p. 17 «Succedeva in me la coscienza di non riuscire ad amare mia madre...»: *Ivi*, p. 5.

p. 22 «Mi riscosse un vocio di donne...»: *Ivi*, p. 23.

p. 30 «Da qui bisognava partire...»: Sibilla Aleramo, *Diario di una donna. Inediti 1945-1960*, Feltrinelli, Milano 1979, p. 317.

p. 34 «L'eredità del male di mia madre...»: *Ivi*, p. 67.

«Questo gesto ch'io fo ogni tanto...»: Sibilla Aleramo, *Il passaggio*, Feltrinelli, Milano 2020, p. 19.

p. 35 «Amare e sacrificarsi e soccombere...»: Sibilla Aleramo, *Una donna*, cit., p. 55.

p. 43 «Egli credeva nella persistenza del mio amore...»: *Ivi*, p. 57.

p. 44 «Io stringevo fra le braccia la mia creatura...»: *Ivi*, p. 63.

p. 49 «Ma a nessuno, a nessuno, né uomo né donna...»: Sibilla Aleramo, *Diario di una donna*, cit., p. 349.

p. 51 «Un libro che recasse tradotte tutte le idee...»: Sibilla Aleramo, *Una donna*, cit., p. 125.

p. 55 «Mio padre, l'esemplare raggiante...»: *Ivi*, p. 31.

p. 56 «In certi momenti mi sentivo atona, istupidita...»: *Ivi*, p. 32.

p. 59 «Io volevo credere alla mia felicità, presente e avvenire...»: *Ivi*, p. 41.

p. 60 «Amarlo, amarlo! Sì, lo volevo tenacemente.»: *Ibidem*.

p. 62 «Per molti giorni giacqui inerte...»: Sibilla Aleramo, *Una donna*, cit., p. 54.

«Di lei, di quel ch'ella era stata non sarebbe rimasto a noi che la memoria...»: *Ivi*, p. 56.

p. 70 «Arrossivo, come arrossivo di certe pose languide...»: *Ivi*, p. 3.

p. 77 «In me la madre non si integrava nella donna...»: *Ivi*, p. 69.

p. 79 «È vero che in quegli anni, specialmente...»: Sibilla Aleramo, *Diario di una donna*, cit., p. 36.

p. 80 «Dopo varie trattative, l'avvocato finì per rilasciare...»: Sibilla Aleramo, *Una donna*, cit., p. 98.

p. 81 «M'accorsi che il mio senso critico, dopo la lunga paralisi...»: *Ivi*, p. 117.

p. 82 «Io stessa non sapevo che cosa m'era necessario in quel punto...»: *Ivi*, p. 103.

p. 83 «Niente letteratura, e niente arte...»: Sibilla Aleramo, *Diario di una donna*, cit., p. 266.

p. 98 «Dissi in quel tempo che soltanto ad un interiore comando...»: Sibilla Aleramo, *Il passaggio*, cit., p. 22.

«Perché ti hanno tolto a me? Eri mio...»: *Ivi*, p. 21.

p. 102 «Mio figlio... Ma come poteva l'innocente venir condannato...»: Sibilla Aleramo, *Una donna*, cit., p. 210.

p. 104 «Folle d'aver l'anima sospesa a tanta irrealtà...»: Sibilla Aleramo, *Amo dunque sono*, Feltrinelli, Milano 2020, p. 103.

p. 106 «In questa stanza d'albergo, dove l'ininterrotto rumore dell'arteria cittadina sale...»: *Ivi*, p. 19.

p. 107 «Tutta la vita sono stata la refrattaria, la ribelle...»: *Ivi*, p. 22.

p. 108 «La ragione suprema della mia esistenza...»: Sibilla Aleramo, *Diario di una donna*, cit., p. 346.

p. 113 «C'è invece maggior impegno creativo e trasfigurativo...»: *Ivi*, p. 272.

p. 115 «Credo che la donna più "vera" sia quella che nell'amore più prende...»: Sibilla Aleramo, *Amo dunque sono*, cit., p. 101.

p. 117 «Non rileggo queste lettere, le chiudo ogni sera...»: *Ivi*, p. 16.

p. 127 «Ed un giorno, sul rovescio d'un dei foglietti dov'io nella notturna pace della pineta...»: Sibilla Aleramo, *Il passaggio*, cit., p. 44.

p. 128 «Da sola, da sola prendere il timone della mia sorte...»: *Ivi*, p. 31.

p. 129 «Ho combattuto una battaglia che posso dire eroica...»: Sibilla Aleramo, *Diario di una donna*, cit., p. 281.

p. 135 «Della mia sofferenza fo la mia beatitudine...»: Sibilla Aleramo, *Amo dunque sono*, cit., p. 7.

p. 139 «Il più intenso e più terribile della mia vita.»: Sibilla Aleramo, *Diario di una donna*, cit., p. 402.

p. 145 «Forse con Dino Campana, nelle brevi settimane del nostro incontro...»: *Ivi*, p. 271.

p. 149 «Sorrento è davvero il luogo ove il mio spirito ha vissuto...»: *Ivi*, p. 282.

p. 150 «Quattro anni erano scorsi dalla sua entrata nel tetro luogo...»: Sibilla Aleramo, *Una donna*, cit., p. 88.

p. 156 «L'ultimo mio grande dolore, scontato, sepolto...»: Sibilla Aleramo, *Diario di una donna*, cit., p. 414.

«Napoli stessa con la sua vita irruente...»: *Ivi*, p. 182.

p. 158 «M'incanta, mi smaga»: *Ivi*, p. 30.

p. 161 «Fatto uomo e uomo normale»: *Ivi*, p. 143.

«La cosa enorme (e insieme miserevole) è questa...»: *Ibidem*.

p. 163 «Il grande vano con le travi nere in alto e le tegole bianche...»: René de Ceccatty, *Sibilla. Vita artistica e amorosa di Sibilla Aleramo*, Mondadori, Milano 1992.

p. 164 «La società non mi perdona proprio questo...»: Sibilla Aleramo, *Amo dunque sono*, cit., p. 22.

«Temo di essere vissuta invano...»: Sibilla Aleramo, *Diario di una donna*, cit., p. 119.

p. 165 «C'è il mio spirito su ogni trave su ogni pianella...»: *Ivi*, p. 128.

p. 175 «Scrivere come in sogno, non sapendo quasi di scrivere.»: René de Ceccatty, *Sibilla. Vita artistica e amorosa di Sibilla Aleramo*, cit.

p. 176 «Ho rivisto poco fa, malgrado il piovisco, lo svolio...»: Sibilla Aleramo, *Diario di una donna*, cit., p. 225.

Finito di stampare nel mese di dicembre 2024
per conto di RCS MediaGroup S.p.A.,
da Rotolito S.p.A., Via Sondrio, 3, Pioltello (Milano)
Printed in Italy